汉语三百句

Chinese   300

北京语言学院编

华语教学出版社

北　　京

SINOLINGUA

BEIJING

First Edition	1984
Revised Edition	1986
Second Printing	1992
Third Printing	1994
Forth Printing	1997

ISBN 7-80052-236-9
Copyright 1986 by Sinolingua
Published by Sinolingua
24 Baiwanzhuang Road, Beijing 100037, China
Printed by Beijing Foreign Languages Printing House
Distributed by China International
Book Trading Corporation
35 Chegongzhuang Xilu, P.O. Box 399
Beijing 100044, China

Printed in the People's Republic of China

说　明

　　《汉语三百句》是为外国学生短期学习汉语而编写的。可供初学者或掌握了近一千汉语词汇的学生，作为基础教材或听说练习材料。

　　本书取材侧重于生活口语，使学生从学习日常生活用语开始，较快开口，逐步提高听说能力，以求达到短期速成。

　　全书三十课，尽量包括一个外国人生活在中国可能遇到的各个方面。每课有基本句子十句及替换练习、口语对话、生词翻译和补充词语五部分。为便于初学者学习，基本句子及生词、补充词语部分有英文翻译。

　　全书三百个基本句子中，包括汉语的一些基本句型，使学生在学习常用口语会话的同时，能掌握一定的汉语规律。

　　本书编者张亚军、毛成栋。英文翻译为熊文华、张慎仪。

Chinese 300 has been designed to help students who take short courses in Chinese. It may be used either as a basic textbook or as a drill book for listening and speaking by those who have mastered about 1,000 Chinese characters.

The book focuses on everyday conversational Chinese. It aims at quick result by learning the everyday language. Students will be able to speak as they learn and gradually improve their listening and speaking abilities.

The 30 lessons in the book have been compiled to cover as completely as possible every situation that a foreigner living in China may encounter. Each lesson consists of five parts — 10 basic sentences, substitutes for practice, dialogues, English equivalents of new words, and supplementary words and expressions. For the benefit of beginners, all the basic sentences, new and supplementary words and expressions are provided with their equivalents in English.

The book embodies elementary Chinese sentence patterns which will help students to learn the rules of the Chinese language, in addition to conversational usage.

The book has been edited by Zhang Yajun and Mao Chengdong and translated by Xiong Wenhua and Zhang Shenyi.

目　录

一、问　　候

句　　子

1. 你好!
   Nǐ hǎo!
   Good morning (afternoon, evening)! (How do you do?
   How are you?)

2. 怎么样啊?
   Zěnmeyàng a?
   How are things?

3. 你身体好吗?
   Nǐ shēntǐ hǎo ma?
   How are you?

4. 很好。
   Hěn hǎo.
   Very well, thank you.

5. 你呢?
   Nǐ ne?
   And you?

6. 我也很好。
   Wǒ yě hěn hǎo.
   I'm very well too.

7．你忙吗？
   Nǐ máng ma?
   Are you busy with your work?

8．不忙。
   Bù máng.
   Not very busy.

9．谢谢。
   Xièxie.
   Thanks.

10．再见。
   Zàijiàn.
   Good-bye.

替 换 练 习

1．〔你〕好!

您 你们 老师 同学们

2．〔 〕怎么样啊？

你 您 你们 他 老师 同学们

3．〔你〕身体好吗？

您 他 老师

4．〔 〕很好!

我 他 我们 他们

5．〔你〕忙吗？

6. 谢谢〔 〕。

| 您 | 你们 | 他 | 老师 |

| 你 | 您 | 你们 | 老师 |

会 话

甲：你好！
　　Nǐ hǎo!

乙：你好！
　　Nǐ hǎo!

甲：怎么样啊？
　　Zěnmeyàng a?

乙：很好。
　　Hěn hǎo.

甲：你身体好吗？
　　Nǐ shēntǐ hǎo ma?

乙：好，谢谢。你呢？
　　Hǎo, xièxie.　Nǐ ne?

甲：我也很好。
　　Wǒ yě hěn hǎo.

乙：你忙吗？
　　Nǐ máng ma?

甲：不忙。
　　Bù máng.

乙：再见。
　　Zàijiàn.

3

甲：再见。
　　Zàijiàn.

甲：老师好！
　　Lǎoshī hǎo!

乙：同学们好！
　　Tóngxuémen hǎo!

甲：您身体好吗？
　　Nín shēntǐ hǎo ma?

乙：我很好，谢谢。你们怎么样啊？
　　Wǒ hěn hǎo, xièxie.　Nǐmen zěnmeyàng a?

甲：我们很好。
　　Wǒmen hěn hǎo.

乙：你们忙吗？
　　Nǐmen máng ma?

甲：我们不忙。
　　Wǒmen bù máng.

甲：再见。
　　Zàijiàn.

乙：再见。
　　Zàijiàn.

生　　词

1. 你好		Nǐ hǎo	How do you do?　How are you?
2. 怎么样	（代）	zěnmeyàng	how
3. 啊	（助）	a	(a modal particle)
4. 你	（代）	nǐ	you (singular)

5.	身体	（名）shēntǐ	body; health
6.	好	（形）hǎo	good
7.	吗	（助）ma	(an interrogative particle)
8.	很	（副）hěn	very
9.	你呢	nǐ ne	and you
10.	我	（代）wǒ	I; me
11.	也	（副）yě	also; too
12.	忙	（形）máng	busy
13.	不	（副）bù	not
14.	谢谢	（动）xièxie	to thank
15.	再见	zàijiàn	good-bye
16.	您	（代）nín	you (a polite form for singular "you")
17.	你们	（代）nǐmen	you (plural)
18.	老师	（名）lǎoshī	teacher
19.	同学们	（名）tóngxuémen	students
20.	他	（代）tā	he; him
21.	他们	（代）tāmen	they; them

补 充 词 语

1.	再会	zàihuì	Good-bye.
2.	明天见	míngtian jiàn	See you tomorrow.
3.	一会儿见	yíhuìr jiàn	See you soon.
4.	回头见	huítóu jiàn	See you later.
5.	不谢	bú xiè	Not at all.(a reply to "thank you")

二、问 姓 名

句 子

11. 您贵姓?
    Nín guìxìng?
    What's your surname?

12. 我姓王。
    Wǒ xìng Wáng.
    My surname is Wang.

13. 您叫什么名字?
    Nín jiào shénme míngzi?
    What's your given name?

14. 我叫王丽。
    Wǒ jiào Wáng Lì.
    I'm called Wang Li.

15. 他是谁?
    Tā shì shuí?
    Who's he?

16. 他是刘老师。
    Tā shì Liú lǎoshī.
    He's Mr. Liu, our teacher.

17. 她是格林夫人吗?
    Tā shì Gélín fūren ma?
    Is she Mrs. Green?

18. 不，她不是格林夫人。
 Bù, tā bú shì Gélín fūren.
 No, she isn't.

19. 对不起。
 Duìbuqǐ.
 Sorry.

20. 没关系。
 Méi guānxi.
 It doesn't matter.

替 换 练 习

1. 〔您〕贵姓?

你 老师,您 同志,您

2. 〔您〕叫什么名字?

你 他 老师,您 同志,您

3. 他是〔刘老师〕。

张同志 王先生 学生
我的朋友 安东尼

4. 她是〔格林夫人〕吗?
 (她是不是〔格林夫人〕?
 她是〔格林夫人〕不是?)

张老师 你的朋友
学生 王先生

会 话

甲：您贵姓？
　　Nín guìxìng?

乙：我姓王。
　　Wǒ xìng Wáng.

甲：您叫什么名字？
　　Nín jiào shénme míngzi?

乙：我叫王丽。
　　Wǒ jiào Wáng Lì.

甲：他是谁？
　　Tā shì shuí?

乙：他是刘老师。
　　Tā shì Liú lǎoshī.

甲：她是格林夫人吗？
　　Tā shì Gélín fūren ma?

乙：不，她不是格林夫人。
　　Bù, tā bú shì Gélín fūren.

甲：对不起。
　　Duìbuqǐ.

乙：没关系。
　　Méi guānxi.

甲：你好！
　　Nǐ hǎo!

乙：你好！
　　Nǐ hǎo!

8

甲：你是——
　　Nǐ shì ——

乙：我是安东尼，您贵姓？
　　Wǒ shì Āndōngní, nín guìxìng?

甲：我姓张。
　　Wǒ xìng Zhāng.

乙：你叫什么名字？
　　Nǐ jiào shénme míngzi?

甲：我叫张平。
　　Wǒ jiào Zhāng Píng.

乙：张平同志，他是谁？
　　Zhāng Píng tóngzhì, tā shì shuí?

甲：他是刘同志。
　　Tā shì Liú tóngzhì.

乙：他是不是老师？
　　Tā shì-bushì lǎoshī?

甲：他不是老师，他是学生。
　　Tā bú shì lǎoshī, tā shì xuésheng.

乙：他叫什么名字？
　　Tā jiào shénme míngzi?

甲：他叫刘云。
　　Tā jiào Liú Yún.

乙：谢谢你。
　　Xièxie nǐ.

甲：不客气。
　　Bú kèqi.

乙：再见。
　　Zàijiàn.

甲：再见。
　　Zàijiàn.

生　　　词

1. 贵姓　　　　　　　　guìxìng　　　　What's your surname?
2. 姓　　　（动）xìng　　　　surname
3. 叫　　　（动）jiào　　　　to call; to be called
4. 什么　　（代）shénme　　　what
5. 名字　　（名）míngzi　　　given name
6. 是　　　（动）shì　　　　to be
7. 谁　　　（代）shuí　　　　who
8. 夫人　　（名）fūren　　　Mrs.; madame
9. 对不起　　　　　　　duìbuqǐ　　　　sorry
10. 没关系　　　　　　　méi guānxi　　It doesn't matter.
11. 同志　　（名）tóngzhì　　comrade
12. 先生　　（名）xiānsheng　Mr.; sir; gentleman
13. 的　　　（助）de　　　　of
14. 朋友　　（名）péngyou　　friend
15. 学生　　（名）xuésheng　student
16. 客气　　（形）kèqi　　　polite; formal

补 充 词 语

1. 太对不起了。　Tài duìbuqǐ le.　　Awfully sorry.
2. 十分抱歉。　　Shífēn bàoqiàn　　Very sorry.
3. 请您原谅。　　Qǐng nín yuánliàng. Beg your pardon.
4. 没啥。　　　　Méi sha　　　　　It's nothing.
5. 不必介意。　　Bú bì jièyì　　　Never mind.

三、谈 语 言

句 子

21. 你是哪国人?
   Nǐ shì nǎ guó rén?
   Which country are you from?

22. 我是法国人。
   Wǒ shì Fǎguó rén.
   I'm a Frenchman.

23. 你会英文吗?
   Nǐ huì Yīngwén ma?
   Can you speak English?

24. 我不会英文。
   Wǒ bú huì Yīngwén.
   No, I can't.

25. 你会不会中文?
   Nǐ huì-buhuì Zhōngwén?
   Do you know Chinese?

26. 我会一点儿。
   Wǒ huì yidiǎnr.
   I know a little.

27. 你能看中文书吗?
   Nǐ néng kàn Zhōngwén shū ma?
   Can you read Chinese books?

28. 我能看，不能说。
Wǒ néng kàn, bù néng shuō.
I can read Chinese, but can't speak it.

29. 我说中文，你懂不懂？
Wǒ shuō Zhōngwén, nǐ dǒng-budǒng?
Can you understand if I speak in Chinese?

30. 请你慢一点儿说。
Qǐng nǐ màn yidiǎnr shuō.
Please speak slowly.

替 换 练 习

1. 我是〔法国人〕。

| 中国人 英国人 美国人 |
| 德国人 日本人 |

2. 你会〔英文〕吗？
（你会不会〔英文〕？
你会〔英文〕不会？）

| 中文 法文 |
| 日文 意大利文 |

3. 你能看〔中文书〕吗？
（你能不能看〔中文〕书？
你能看〔中文书〕不能？）

| 中文报 |
| 法文杂志 |

4. 我说〔中文〕，你懂〔不懂〕？

| 英文 |　| 吗 |

会　话

甲：你是哪国人？
　　Nǐ shì nǎ guó rén?

乙：我是法国人。
　　Wǒ shì Fǎguó rén.

甲：你会英文吗？
　　Nǐ huì Yīngwén ma?

乙：我不会英文。
　　Wǒ bú huì Yīngwén.

甲：你会中文吗？
　　Nǐ huì Zhōngwén ma?

乙：我会一点儿。
　　Wǒ huì yidiǎnr.

甲：你能看中文书吗？
　　Nǐ néng kàn Zhōngwén shū ma?

乙：我能看，不能说。
　　Wǒ néng kàn, bù néng shuō.

甲：我说中文你懂不懂？
　　Wǒ shuō Zhōngwén nǐ dǒng-budǒng?

乙：什么？请你慢一点儿说。
　　Shénme? Qǐng nǐ màn yidiǎnr shuō.

甲：我说中文你懂不懂？
　　Wǒ shuō Zhōngwén nǐ dǒng-budǒng?

乙：我懂。
　　Wǒ dǒng.

甲：您好！
　　Nín hǎo!

乙：您好！
Nín hǎo!

甲：您叫什么名字？
Nín jiào shénme míngzi?

乙：我叫安东尼。
Wǒ jiào Āndōngní.

甲：您是美国人吗？
Nín shì Měiguó rén ma?

乙：我不是美国人。
Wǒ bú shì Měiguó rén.

甲：对不起。
Duìbuqǐ.

乙：没关系。
Méi guānxi.

甲：您是哪国人？
Nín shì nǎ guó rén?

乙：我是法国人。
Wǒ shì Fǎguó rén.

甲：您会不会英文？
Nín huì-buhuì Yīngwén?

乙：我会一点儿
Wǒ huì yidiǎnr.

甲：你能不能看英文书？
Nín néng-bunéng kàn Yīngwén shū?

乙：不能。
Bù néng.

生　词

1. 哪国人　　　　　nǎ guó rén　What's your nationality?

14

2. 法国	（专名）	Fǎguó	France
3. 会	（动）	huì	to be able; to know how to do sth; to can
4. 英文	（名）	Yīngwén	English
5. 一点儿		yìdiǎnr	a little
6. 能	（助动）	néng	can; to be able to
7. 看	（动）	kàn	to read; to look at
8. 中文	（名）	Zhōngwén	Chinese
9. 书	（名）	shū	book
10. 说	（动）	shuō	to speak
11. 懂	（动）	dǒng	to understand; to know
12. 请	（动）	qǐng	to ask
13. 慢	（形）	màn	slow
14. 中国	（专名）	Zhōngguó	China
15. 英国	（专名）	Yīngguó	Britain
16. 美国	（专名）	Měiguó	the United States
17. 德国	（专名）	Déguó	Germany
18. 日本	（专名）	Rìběn	Japan
19. 法文	（名）	Fǎwén	French
20. 日文	（名）	Rìwén	Japanese
21. 意大利文	（名）	Yìdàlìwén	Italian
22. 报	（名）	bào	newspaper
23. 杂志	（名）	zázhì	magazine

补 充 词 语

1. 中文你说得很好。
Zhōngwén nǐ shuōde hěn hǎo.
You speak Chinese very well.

2. 我刚开始学中文。
Wǒ gāng kāishǐ xué Zhōngwén.
I have just begun learning Chinese.

3. 我的发音不好。
   Wǒde fāyīn bù hǎo.
   My pronunciation is not very good.

4. 请你再说一遍。
   Qǐng nǐ zài shuō yi biàn.
   Will you please say it again?

5. 我没听懂。
   Wǒ méi tīngdǒng.
   I didn't catch what you said.

四、谈 家 庭

句 子

31. 请进！
    Qǐng jìn!
    Come in, please.

32. 请坐！
    Qǐng zuò!
    Sit down, please.

33. 你的家在哪儿？
    Nǐde jiā zài nǎr?
    Where's your home?

34. 我的家在巴黎。
    Wǒde jiā zài Bālí.
    My home is in Paris.

35. 你家有什么人？
    Nǐ jiā yǒu shénme rén?
    Who is there in your family?

36. 我家有父亲、母亲和妹妹。
    Wǒ jiā yǒu fùqin, mǔqin hé mèimei.
    There is my father, my mother and my sister in my
      family.

37. 你有哥哥吗?
　　Nǐ yǒu gēge ma?
　　Do you have any brothers?

38. 我没有哥哥。
　　Wǒ méi you gēge.
　　I don't have any brothers.

39. 你父亲在哪儿工作?
　　Nǐ fùqin zài nǎr gōngzuò?
　　Where does your father work?

40. 我父亲在银行工作。
　　Wǒ fùqin zài yínháng gōngzuò.
　　My father works in a bank.

替 换 练 习

1. 请〔进〕!

坐	喝茶	你念

2. 我的家在〔巴黎〕。

美国	北京	维也纳

3. 你有〔哥哥〕吗?
　　(我有〔哥哥〕。
　　我没有〔哥哥〕。)

书	报
钢笔	本子

4. 他在〔银行〕工作。

中国	巴黎
大学	工厂

18

会　话

甲：请进!
　　Qǐng jìn!

乙：你好!
　　Nǐ hǎo!

甲：你好! 请坐。
　　Nǐ hǎo!　Qǐng zuò!

乙：谢谢。你的家在哪儿?
　　Xièxie.　Nǐde jiā zài nǎr?

甲：我的家在巴黎。
　　Wǒde jiā zài Bālí.

乙：你家有什么人?
　　Nǐ jiā yǒu shénme rén?

甲：我家有父亲、母亲和妹妹。
　　Wǒ jiā yǒu fùqin, mǔqin hé mèimei.

乙：你有哥哥吗?
　　Nǐ yǒu gēge ma?

甲：我没有哥哥。
　　Wǒ méi you gēge.

乙：你父亲在哪儿工作?
　　Nǐ fùqin zài nǎr gōngzuò?

甲：我父亲在银行工作。
　　Wǒ fùqin zài yínháng gōngzuò.

甲：请进! 你好!
　　Qǐng jìn!　Nǐ hǎo!

乙：你好！怎么样啊？
　　Nǐ hǎo! Zěnmeyàng a?

甲：很好，请坐！
　　Hěn hǎo, qǐng zuò!

乙：谢谢。
　　Xièxie.

甲：你的家在巴黎吗？
　　Nǐde jiā zài Bālí ma?

乙：不，我的家不在巴黎，在维也纳。
　　Bù, wǒde jiā bú zài Bālí, zài Wéiyěnà.

甲：你家有什么人？
　　Nǐ jiā yǒu shénme rén?

乙：我家有父亲和母亲。
　　Wǒ jiā yǒu fùqin hé mǔqin.

甲：你有没有妹妹？
　　Nǐ yǒu-meiyǒu mèimei?

乙：有。
　　Yǒu.

甲：你父亲在哪儿工作？
　　Nǐ fùqin zài nǎr gōngzuò?

乙：他在银行工作。
　　Tā zài yínháng gōngzuò.

甲：你母亲也在银行工作吗？
　　Nǐ mǔqin yě zài yínháng gōngzuò ma?

乙：不，她在大学工作。
　　Bù, tā zài dàxué gōngzuò.

生　　词

1. 进　　　　（动）jìn　　　　to enter

20

2.	坐	（动）	zuò	to sit
3.	在	（动）	zài	to be in (at)
4.	哪儿	（代）	nǎr	where
5.	巴黎	（专名）	Bālí	Paris
6.	有	（动）	yǒu	to have
7.	父亲	（名）	fùqin	father
8.	母亲	（名）	mǔqin	mother
9.	和	（连）	hé	and
10.	妹妹	（名）	mèimei	younger sister
11.	哥哥	（名）	gēge	elder brother
12.	没	（副）	méi	not; no
13.	工作	（动）	gōngzuò	to work
14.	银行	（名）	yínháng	bank
15.	喝	（动）	hē	to drink
16.	茶	（名）	chá	tea
17.	念	（动）	niàn	to read
18.	维也纳	（专名）	Wéiyěnà	Vienna
19.	钢笔	（名）	gāngbǐ	pen
20.	本子	（名）	běnzi	note book
21.	大学	（名）	dàxué	university
22.	工厂	（名）	gōngchǎng	factory

补 充 词 语

1.	你从哪儿来？		Nǐ cóng nǎr lái?	Where do you come from?
2.	我从巴黎来。		Wǒ cóng Bālí lái.	I come from Paris.
3.	请抽烟。		Qǐng chōu yān.	Have a cigarette.
4.	请打开书。		Qǐng dǎkai shū.	Please open your books.
5.	姐姐	（名）	jiějie	elder sister
6.	弟弟	（名）	dìdi	younger brother
7.	爱人	（名）	àiren	wife; husband

8. 您结婚了吗？ Nín jiéhūnle ma? Are you married?
9. 您有几个孩 Nín yǒu jǐ ge How many children do you
子。 hái zi? have?

五、问 住 址

句 子

41. 你在哪儿学习中文?
    Nǐ zài nǎr xuéxí Zhōngwén?
    Where do you study Chinese?

42. 我在北京语言学院学习中文。
    Wǒ zài Běijīng Yǔyán Xuéyuàn xuéxí Zhōngwén.
    I study Chinese at the Beijing Languages Institute.

43. 你住几号楼?
    Nǐ zhù jǐ hào lóu?
    Which building do you live in?

44. 我住九号楼。
    Wǒ zhù jiǔ hào lóu.
    I live in Building 9.

45. 你住几层?
    Nǐ zhù jǐ céng?
    Which floor do you live on?

46. 我住三层。
    Wǒ zhù sān céng.
    I live on the third floor.

47. 你的房间是多少号？
Nǐde fángjiān shì duōshao hào?
What's your room number?

48. 我的房间是314号。
Wǒde fángjiān shì sān-yāo-sì hào.
My room number is 314.

49. 你的房间住几个人？
Nǐde fángjiān zhù jǐ ge rén?
How many room-mates do you have?

50. 我的房间住两个人。
Wǒde fángjiān zhù liǎng ge rén.
Two of us share the room.

替 换 练 习

1. 我在〔北京语言学院〕学习中文。

北京大学　巴黎大学　中国

2. 我住〔九〕号楼。

一	十一
二	十二
三	二十
四	二十一
五	二十二
六	三十
七	五十
八	九十
十	一百

3. 〔我的〕房间是314号。

你的	他的	我们的
你们的	他们的	老师的

4. 我的房间住〔两个人〕。

三个人
四个同学

会　　话

甲：你在哪儿学习中文？
　　Nǐ zài nǎr xuéxi Zhōngwén?

乙：我在北京语言学院学习中文。
　　Wǒ zài Běijīng Yǔyán Xuéyuàn xuéxi Zhōngwén.

甲：你住几号楼？
　　Nǐ zhù jǐ hào lóu?

乙：我住九号楼。
　　Wǒ zhù jiǔ hào lóu.

甲：你住几层？
　　Nǐ zhù jǐ céng?

乙：我住三层。
　　Wǒ zhù sān céng.

甲：你的房间是多少号？
　　Nǐde fángjiān shì duōshao hào?

乙：我的房间是314号。
　　Wǒde fángjiān shì sān-yāo-sì hào.

甲：你的房间住几个人？
　　Nǐde fángjiān zhù jǐ ge rén?

乙：我的房间住两个人。
　　Wǒde fángjiān zhù liǎng ge rén.

甲：你好！
　　Nǐ hǎo!

乙：你好！
　　Nǐ hǎo!

甲：你学习中文吗？
　　Nǐ xuéxí Zhōngwén ma?

乙：我学习中文。
　　Wǒ xuéxí Zhōngwén.

甲：你在哪儿学习中文？
　　Nǐ zài nǎr xuéxí Zhōngwén?

乙：我在北京语言学院学习中文。
　　Wǒ zài Běijīng Yǔyán Xuéyuàn xuéxí Zhōngwén.

甲：你住几号楼？
　　Nǐ zhù jǐ hào lóu?

乙：我住3号楼。
　　Wǒ zhù sān hào lóu.

甲：他住几号楼？
　　Tā zhù jǐ hào lóu?

乙：他住5号楼。
　　Tā zhù wǔ hào lóu.

甲：你的房间是多少号？
　　Nǐde fángjiān shì duōshao hào?

乙：我的房间是261号。
　　Wǒde fángjiān shì èr-liù-yī hào.

甲：他的房间是多少号？
　　Tāde fángjiān shì duōshao hào?

乙：他的房间是158号。
　　Tāde fángjiān shì yī-wǔ-bā hào.

26

甲：你的房间住几个人？
　　Nǐde fángjiān zhù jǐ ge rén?
乙：我的房间住两个人，他的房间住一个人。
　　Wǒde fángjiān zhù liǎng ge rén, tāde fángjiān zhù yí ge rén.

生　　词

1.	学习	（动）xuéxí	to study
2.	北京	（专名）Běijīng	Beijing
3.	语言	（名）yǔyán	language
4.	学院	（名）xuéyuàn	institute
5.	住	（动）zhù	to live
6.	几	（数）jǐ	which
7.	号	（名）hào	number
8.	楼	（名）lóu	building
9.	层	（量）céng	floor
10.	房间	（名）fángjiān	room
11.	多少	（数）duōshao	how many
12.	个	（量）gè	(a measure word)
13.	两	（数）liǎng	two
14.	一	（数）yī	one
15.	二	（数）èr	two
16.	三	（数）sān	three
17.	四	（数）sì	four
18.	五	（数）wǔ	five
19.	六	（数）liù	six
20.	七	（数）qī	seven

21.	八	（数）bā	eight
22.	九	（数）jiǔ	nine
23.	十	（数）shí	ten
24.	百	（数）bǎi	hundred

补 充 词 语

1.	第一	（序数）dìyī	first
2.	第二	（序数）dì'èr	second
3.	第三	（序数）dìsān	third
4.	第四	（序数）dìsì	fourth
5.	第五	（序数）dìwǔ	fifth
6.	第六	（序数）dìliù	sixth
7.	第七	（序数）dìqī	seventh
8.	第八	（序数）dìbā	eighth
9.	第九	（序数）dìjiǔ	ninth
10.	第十	（序数）dìshí	tenth
11.	床	（名）chuáng	bed
12.	书架	（名）shūjiàr	bookshelf
13.	灯	（名）dēng	light; lamp

六、问 物 品

句　　子

51. 请问，这是什么？
    Qǐng wèn, zhè shì shénme?
    Can you tell me what this is?

52. 这是烟。
    Zhè shì yān.
    This is a cigarette.

53. 那是什么？
    Nà shì shénme?
    What is that?

54. 那是火柴吗？
    Nà shì huǒchái ma?
    Is that a match?

55. 那不是火柴，那是打火机。
    Nà bú shì huǒchái, nà shì dǎhuǒjī.
    That isn't a match.　That's a lighter.

56. 那是不是他的打火机？
    Nà shì-bushì tāde dǎhuǒjī?
    Is that his lighter?

57. 不知道。
    Bù zhīdào.
    I don't know.

58. 那是谁的打火机？
Nà shì shuíde dǎhuǒjī?
Whose lighter is that?

59. 你抽烟吗？
Nǐ chōu yān ma?
Do you smoke?

60. 不会。
Bú huì.
No, I don't.

替 换 练 习

1. 请问，〔这是什么〕？

你是张老师吗	你是哪国人
你叫什么名字	你会不会英文
你在哪儿学习	他在哪儿工作

2. 这是〔烟〕。

中文书	英文报	钢笔

3. 那不是〔火柴〕。

桌子	椅子	黑板
粉笔	门	窗户

4. 〔 〕不知道。

我	他	我们	他们	老师

5. 那是〔谁的〕打火机〔 〕？

我的	你的	他的	
我们的	你们的	他们的	吗
老师的	学生的	杜朗先生的	
安娜夫人的			

会　　话

甲：请问，这是什么？
　　Qǐng wèn, zhè shì shénme?

乙：这是烟。
　　Zhè shì yān.

甲：那是什么？
　　Nà shì shénme?

乙：那是火柴。
　　Nà shì huǒchái.

甲：那也是火柴吗？
　　Nà yě shì huǒchái ma?

乙：不，那不是火柴，那是打火机。
　　Bù, nà bú shì huǒchái, nà shì dǎhuǒjī.

甲：那是不是你的打火机？
　　Nà shì-bushì nǐde dǎhuǒjī?

乙：不是。
　　Bú shì.

甲：那是谁的打火机？
　　Nà shì shuíde dǎhuǒjī?

31

乙：不知道。
　　Bù zhīdào.

甲：你抽烟吗？
　　Nǐ chōu yān ma?

乙：不会，谢谢。
　　Bú huì, xièxie.

甲：请问，这是什么？
　　Qǐng wèn, zhè shì shénme?

乙：这是钢笔。
　　Zhè shì gāngbǐ.

甲：这是谁的钢笔？
　　Zhè shì shuíde gāngbǐ?

乙：这是我的钢笔。
　　Zhè shì wǒde gāngbǐ.

甲：那是不是你的书？
　　Nà shì-bushì nǐde shū?

乙：那不是我的书。
　　Nà bú shì wǒde shū.

甲：你有本子吗？
　　Nǐ yǒu běnzi ma?

乙：我有。
　　Wǒ yǒu.

甲：你在哪儿学中文？
　　Nǐ zài nǎr xué Zhōngwén?

乙：在语言学院。
　　Zài Yǔyán Xuéyuàn.

甲：你们忙吗？
　　Nǐmen máng ma?

乙：很忙。
　　Hěn máng.

生　　　词

1. 请问　　　　　　　qǐng wèn　　　May I ask ...
2. 这　　　（代）zhè　　　this
3. 烟　　　（名）yān　　　cigarette; tobacco
4. 那　　　（代）nà　　　that
5. 火柴　　　（名）huǒchái　　　match
6. 打火机　　　（名）dǎhuǒjī　　　lighter
7. 知道　　　（动）zhīdao　　　to know
8. 抽　　　（动）chōu　　　to smoke
9. 桌子　　　（名）zhuōzi　　　table
10. 椅子　　　（名）yǐzi　　　chair
11. 黑板　　　（名）hēibǎn　　　blackboard
12. 粉笔　　　（名）fěnbǐ　　　chalk
13. 门　　　（名）mén　　　door
14. 窗户　　　（名）chuānghu　　　window

补 充 词 语

1. 禁止吸烟。　Jìnzhǐ xī yān.　No smoking.

2. 喝杯咖啡。　Hē bēi kāfēi.　Have a cup of coffee.
3. 烟斗（名）　yāndǒu　pipe
4. 雪茄（名）　xuějiā　cigar

七、问日期和时间

句　子

61. 今天（是）几号？
    jīntiān (shì) jǐ hào?
    What's the date today?

62. 今天（是）十二号？
    Jīntiān (shì) shí'èr hào.
    Today is the twelfth.

63. 今天（是）星期几？
    Jīntiān (shì) xīngqī jǐ?
    What day is it today?

64. 今天（是）星期三。
    Jīntiān (shì) xīngqīsān.
    Today is Wednesday.

65. 现在（是）几月？
    Xiànzài (shì) jǐ yuè?
    What month is it?

66. 现在（是）七月。
    Xiànzài (shì) qīyuè.
    It is July.

67. 现在（是）几点？

Xiànzài (shì) jǐ diǎn?

What time is it now?

68. 现在（是）十点。

Xiànzài (shì) shí diǎn.

It is ten o'clock.

69. 商店几点开门？

Shāngdiàn jǐ diǎn kāimén?

When does the shop open?

70. 商店九点开门。

Shāngdiàn jiǔ diǎn kāimén.

The shop opens at nine.

替 换 练 习

1. 今天是〔星期三〕。

星期一	星期二
星期四	星期五
星期六	星期日(天)

2. 现在（是）〔七月〕。

一月	二月	三月	四月
五月	六月	八月	九月
十月	十一月	十二月	

3. 现在是〔十点〕。

十点五分	10:05
十点一刻	10:15
十点十五分	
十点半	10:30
十点三刻	10:45
十点四十五	
差一刻十一点	

4. 商店〔几点〕〔开门〕？

什么时候	关门

5. 〔商店〕〔九点〕开门。

银行	7:30
食堂	9:00
图书馆	9:15

会　话

甲：请问，今天是几号？
　　Qǐng wèn, jīntiān shì jǐ hào?

乙：今天是二十五号。
　　Jīntiān shì èrshí wǔ hào.

甲：今天是星期几？
　　Jīntiān shì xīngqī jǐ?

乙：今天是星期五。
　　Jīntiān shì xīngqīwǔ.

甲：现在是几点？
　　Xiànzài shì jǐ diǎn?

乙：现在是十一点。
　　Xiànzài shì shíyī diǎn.

甲：商店几点开门？
　　Shāngdiàn jǐ diǎn kāimén?

乙：商店九点开门。
　　Shāngdiàn jiǔ diǎn kāimén.

甲：请问，今天是几号？
　　Qǐng wèn, jīntiān shì jǐ hào?

乙：对不起，我不知道。
　　Duìbuqǐ, wǒ bù zhīdào.

甲：今天是星期四吗？
　　Jīntiān shì xīngqīsì ma?

乙：今天不是星期四，是星期三。
　　Jīntiān bú shì xīngqīsì, shì xīngqīsān.

甲：现在几点？
　　Xiànzài jǐ diǎn?

乙：七点十分。
　　Qī diǎn shí fēn.

甲：商店什么时候关门？
　　Shāngdiàn shénme shíhou guānmén?

乙：八点半关门。
　　Bā diǎn bàn guānmén.

生　词

1. 今天　　（名）jīntiān　　today
2. 星期　　（名）xīngqī　　week

3.	星期一	（名）xīngqīyī	Monday
4.	星期二	（名）xīngqī'èr	Tuesday
5.	星期三	（名）xīngqīsān	Wednesday
6.	星期四	（名）xīngqīsì	Thursday
7.	星期五	（名）xīngqīwǔ	Friday
8.	星期六	（名）xīngqīliù	Saturday
9.	星期日(天)	（名）xīngqīrì (tiān)	Sunday
10.	现在	（名）xiànzài	now
11.	月	（名）yuè	month
12.	点	（名）diǎn	o'clock
13.	商店	（名）shāngdiàn	shop
14.	开门	kāimén	to open
15.	分	（名）fēn	minute
16.	刻	（名）kè	quarter
17.	半	（数）bàn	half
18.	差	（动）chà	to lack; minus
19.	时候	（名）shíhou	time
20.	关门	guānmén	to close
21.	食堂	（名）shítáng	dining hall; canteen.
22.	图书馆	（名）túshūguǎn	library

补 充 词 语

1.	昨天	（名）zuótiān	yesterday
2.	明天	（名）míngtiān	tomorrow
3.	这个月	zhè ge yuè	this month
4.	上个月	shàng ge yuè	last month

5.	下个月	xià ge yuè	next month
6.	今年	（名）jīnnián	this year
7.	去年	（名）qùnián	last year
8.	明年	（名）míngnián	next year
9.	日历	（名）rìlì	calendar
10.	几点了？	Jǐ diǎn le?	What time is it?
11.	你的表准吗？	Nǐde biǎo zhǔn ma?	Does your watch keep good time?
12.	我的表快（慢）了。	Wǒde biǎo kuài (màn) le.	My watch is fast（slow）.

八、打 电 话

句 子

71. 喂，是北京大学吗？
Wèi, shì Běijīng Dàxué ma?
Hello, is this Beijing University?

72. 请转354。
Qǐng zhuǎn sān-wǔ-sì.
Extension 354, please.

73. 你找谁呀？
Nǐ zhǎo shuí ya?
Who do you wish to speak to?

74. 劳驾，请您找一下意大利学生玛利娅。
Láojià, qǐng nín zhǎo yíxiàr Yìdàlì xuésheng Mǎlìyà.
May I speak to the Italian student Maria?

75. 你是哪里？
Nǐ shì nǎli?
Where are you calling from? (Who's speaking?)

76. 好，请等一等。
Hǎo, qǐng děng-yiděng.
OK, just hang on a minute.

77. 玛利娅不在，她进城了。

Mǎlìyà bú zài, tā jìnchéng le.

Sorry, Maria isn't here at the moment. She's gone to town.

78. 你是保罗吗？

Nǐ shì Bǎoluó ma?

Is that Paul speaking?

79. 是啊，你是谁？

Shì a, nǐ shì shuí?

Yes, it's me. Who's speaking please?

80. 我是路易丝。

Wǒ shì Lùyìsī.

It's Louise here.

替 换 练 习

1. 喂，是〔北京大学〕吗？

北京饭店	友谊商店	出租汽车站

2. 你找〔谁呀〕？

什么	张老师吗
铅笔吗	纸吗

3. 劳驾，〔请您找一下意大利学生玛利娅。〕

请转354。	语言学院在哪儿？
哪儿是九楼？	几点了？

4．请等〔一等〕。

| 一会儿　一下儿　等 |

5．〔玛利娅〕不在〔　〕。

王先生	家
安东尼	宿舍
我朋友	教室
刘云	图书馆
他	北京大学

会　话

甲：喂，是北京大学吗？
　　Wèi, shì Běijīng Dàxué ma?

乙：是啊。
　　Shì a.

甲：请转354。
　　Qǐng zhuǎn sān-wǔ-sì.

乙：好的。
　　Hǎode.

　　……

丙：你找谁呀？
　　Nǐ zhǎo shuí ya?

甲：劳驾，请您找一下意大利学生玛利娅。
　　Láojià, qǐng nín zhǎo yixiàr Yìdàlì xuésheng Mǎlìyà.

丙：你是哪里？
　　Nǐ shì nǎli?

甲：我是语言学院。
　　Wǒ shì Yǔyán Xuéyuàn.

丙：好，请等一等。
　　Hǎo, qǐng děng-yiděng.

甲：谢谢。
　　Xièxie.

　　······

甲：喂，你是玛利娅吗？
　　Wèi, nǐ shì Mǎlìyà ma?

丁：玛利娅不在，她进城了。
　　Mǎlìyà bú zài, tā jìnchéng le.

甲：你是不是保罗？
　　Nǐ shì-bushì Bǎoluó?

丁：是啊，你是谁？
　　Shì a, nǐ shì shuí?

甲：我是路易丝。
　　Wǒ shì Lùyìsī.

甲：喂，是北京大学吗？
　　Wèi, shì Běijīng Dàxué ma?

乙：什么？
　　Shénme?

甲：是北京大学吗？
　　Shì Běijīng Dàxué ma?

乙：不是。
　　Bú shì.

甲：你是哪里？
　　Nǐ shì nǎli?

乙：北京饭店
　　Běijīng Fàndiàn.

甲：对不起。
Duìbuqǐ.

乙：没关系。
Méi guānxi.

......

甲：喂，是北京大学吗？
Wèi, shì Běijīng Dàxué ma?

丙：是啊，你找谁？
Shì a, nǐ zhǎo shúi?

甲：我找日本学生久保。
Wǒ zhǎo Rìběn xuésheng Jiǔbǎo.

丙：他的房间是多少号？
Tāde fángjiān shì duōshao hào?

甲：什么？请你慢点儿说。
Shénme? Qǐng nǐ màn diǎnr shuō.

丙：他的房间是多少号？
Tāde fángjiān shì duōshao hào?

甲：啊，他的房间是258号。
A, tāde fángjiān shì èr-wǔ-bā hào.

丙：好，请你等一下。
Hǎo, qǐng nǐ děng yíxiàr.

甲：谢谢你。
Xièxie nǐ.

生　　　词

1. 打	（动）	dǎ	to make (a telephone call)
2. 电话	（名）	diànhuà	telephone
3. 喂	（助）	wèi	hello

4. 转	（动）	zhuǎn	to switch onto; to connect
5. 找	（动）	zhǎo	to look for
6. 劳驾		láojià	excuse me
7. 一下		yíxiàr	(This word indicates a casual trial or a brief act.)
8. 哪里	（代）	nǎli	where
9. 好	（形）	hǎo	O.K.
10. 等	（动）	děng	to wait
11. 城	（名）	chéng	city; town
12. 了	（助）	le	(a particle)
13. 饭店	（名）	fàndiàn	hotel
14. 友谊	（名）	yǒuyì	friendship
15. 出租汽车		chūzū qìchē	taxi
16. 站	（名）	zhàn	station; bus-stop
17. 铅笔	（名）	qiānbǐ	pencil
18. 纸	（名）	zhǐ	paper
19. 一会儿		yíhuìr	a moment
20. 宿舍	（名）	sùshè	dormitory
21. 教室	（名）	jiàoshì	classroom

补 充 词 语

1. 电话簿	（名）	diànhuàbù	telephone directory
2. 总机	（名）	zǒngjī	switch board; central exchange
3. 分机	（名）	fēnjī	extension (line)

4.	长途电话	chángtú diànhuà	long-distance call
5.	接	（动）jiē	to connect
6.	挂	（动）guà	to hang up
7.	占着线呢。	Zhànzhe xiàn ne.	The line's busy.
8.	请告诉我这个电话怎么打?	Qǐng gàosu wó zhè ge diànhuà zěnme dǎ?	Could you tell me how to use this telephone?

九、在 商 店(上)

句 子

81. 您买什么?
Nín mǎi shénme?
Can I help you?

82. 我要买一斤糖和两斤桃。
Wǒ yào mǎi yì jīn táng hé liǎng jīn táor.
I want a *jin* of sweets and two *jin* of peaches.

83. 多少钱一斤?
Duōshao qián yì jīn?
How much are they a *jin*?

84. 糖两块三一斤,桃三毛八一斤。
Táng liǎng kuài sān yì jīn, táor sān máo bā yì jīn.
The sweets are 2.3 yuan a *jin* and the peaches 0.38 yuan a *jin*.

85. 还要别的吗?
Hái yào biéde ma?
Anything else?

86. 再要一盒烟。
Zài yào yì hér yān.
Yes, I want a packet of cigarettes.

87. 不要别的了，一共多少钱？

Bú yào biéde le, yígòng duōshao qián?

That's all. How much does it come to altogether, please?

88. 一共三块四毛二。

Yígòng sān kuài sì máo èr.

That'll be three yuan forty two.

89. 给您钱。

Gěi nín qián.

Here you are.

90. 这是五块，找您一块五毛八。

Zhè shì wǔ kuài, zhǎo nín yí kuài wǔ máo bā.

This is a five-yuan note, and here's your one yuan fifty eight change.

替 换 练 习

1. 我要买〔一斤糖〕。

一斤梨	两斤饼干	三斤香蕉
一个西瓜	一个本子	一块香皂
一盒火柴	一盒烟	

2. 多少钱〔一斤〕？

一个	一本	一盒

3．一共〔三块四毛二〕。

五元(块)	八角(毛)五分
五元八角五分	
五块八毛五	

4．给您〔钱〕。

书	本子	报
钢笔	烟	

会　　话

甲：您买什么？
　　Nín mǎi shénme?

乙：我要买一斤糖和两斤桃。
　　Wǒ yào mǎi yì jīn táng hé liǎng jīn táor.

甲：好。
　　Hǎo.

乙：多少钱一斤？
　　Duōshao qián yì jīn?

甲：糖两块三一斤，桃三毛八一斤。还要别的吗？
　　Táng liǎng kuài sān yì jīn, táor sān máo bā yì jīn. Hái
　　yào biéde ma?

乙：再要一盒烟。
　　Zài yào yì hér yān.

甲：三毛六。
　　Sān máo liù.

乙：不要别的了，一共多少钱？
　　Bú yào biéde le, yígòng duōshao qián?

甲：一共三块四毛二。
　　Yígòng sān kuài sì máo èr.

乙：给您钱。
　　Gěi nín qián.

甲：这是五块，找您一块五毛八。
　　Zhè shì wǔ kuài, zhǎo nín yí kuài wǔ máo bā.

乙：再见。
　　Zàijiàn.

甲：再见。
　　Zàijiàn.

甲：同志，我要买一斤糖。
　　Tóngzhì, wǒ yào mǎi yì jīn táng.

乙：好。
　　Hǎo.

甲：请问，糖一斤多少钱？
　　Qǐng wèn, táng yì jīn duōshao qián?

乙：一块四一斤的和两块三一斤的。
　　Yí kuài sì yì jīn de hé liǎng kuài sān yì jīn de.

甲：买两块三的。
　　Mǎi liǎng kuài sān de.

乙：还买什么？
　　Hái mǎi shénme?

甲：买一斤梨。
　　Mǎi yì jīn lí.

乙：还要别的吗？
　　Hái yào biéde ma?

甲：不要了。
　　Bú yào le.

50

乙：一斤糖两块三，一斤梨四毛六，一共两块七毛六。
　　Yì jīn táng liǎng kuài sān, yì jīn lí sì máo liù, yígòng liǎng
　　　kuài qī máo liù.

甲：给你钱。
　　Gěi nǐ qián.

乙：这是三块，找你两毛四。
　　Zhè shì sān kuài, zhǎo nǐ liǎng máo sì.

甲：谢谢，再见。
　　Xièxie, zàijiàn.

乙：再见。
　　Zàijiàn.

生　　词

1.	买	（动）mǎi	to buy
2.	要	（动）yào	to want
3.	斤	（量）jīn	*jin*
4.	糖	（名）táng	sweets; candy
5.	桃	（名）táor	peach
6.	钱	（名）qián	money
7.	块	（量）kuài	yuan
8.	毛	（量）máo	mao (1/10 yuan)
9.	分	（量）fēn	fen (1/100 yuan)
10.	还	（副）hái	else; still; besides
11.	别的	（代）biéde	other; else
12.	再	（副）zài	more; additionally
13.	盒	（量）hér	packet; box
14.	一共	（副）yígòng	in all; altogether

15.	给	（动）	gěi	to give
16.	梨	（名）	lí	pear
17.	饼干	（名）	bǐnggān	biscuit; cracker
18.	香蕉	（名）	xiāngjiāo	banana
19.	西瓜	（名）	xīguā	water melon
20.	香皂	（名）	xiāngzào	toilet soap

补 充 词 语

1.	葡萄	（名）	pútao	grape
2.	橘子	（名）	júzi	orange; tangerine
3.	菠萝	（名）	bōluó	pineapple
4.	汽水	（名）	qìshuǐr	lemonade
5.	冰激凌	（名）	bīngjilíng	ice-cream
6.	冰棍儿	（名）	bīnggùnr	ice lolly
7.	点心	（名）	diǎnxin	cakes; snacks
8.	罐头	（名）	guàntou	tin; can
9.	毛笔	（名）	máobǐ	Chinese writing brush
10.	圆珠笔	（名）	yuánzhūbǐ	ball-point pen

十、在 商 店（下）

句 子

91. 同志，请把布鞋拿给我看看。
Tóngzhì, qǐng bǎ bùxié nágěi wǒ kànkan.
Comrade, could you show me those cotton shoes?

92. 您穿多大号的？
Nín chuān duōdà hàor de?
What size do you take?

93. 我忘了，大概是四十号。
Wǒ wàngle, dàgài shì sìshi hàor.
I've forgotten. Around size 40.

94. 您试试这双。
Nín shìshi zhè shuāng.
Would you like to try this pair?

95. 有点儿小。
Yǒudiǎnr xiǎo.
These are a little too tight.

96. 这双正合适。
Zhè shuāng zhèng héshì.
This pair is a perfect fit.

97. 这种太贵了。

Zhè zhǒng tài guì le.

They are much too expensive.

98. 有便宜一点儿的吗？

Yǒu piányi yìdiǎnr de ma?

Have you got anything cheaper?

99. 这种又便宜又好。

Zhè zhǒng yòu piányi yòu hǎo.

These are very good and inexpensive.

100. 请您在那儿交款。

Qǐng nín zài nàr jiāo kuǎn.

Will you kindly pay at the desk over there?

替 换 练 习

1. 请把〔布鞋〕拿给我。

| 书 | 本子 | 杂志 | 烟 | 火柴 |

2. 您穿〔多大〕号的？

| 多少 | 几 |

3. 有点儿〔小〕。

| 大 | 长 | 短 |

4. 这种〔太贵了〕。

| 不贵 | 贱 | 便宜 |

会 话

甲：同志，请把布鞋拿给我看看。
Tóngzhì, qǐng bǎ bùxié nágěi wǒ kànkan.

乙：您穿多大号的？
Nín chuān duōdà hàor de?

甲：我忘了，大概是四十号。
Wǒ wàngle, dàgài shì sìshi hàor.

乙：您试试这双。
Nín shìshi zhè shuāng.

甲：有点儿小。
Yǒu diǎnr xiǎo.

乙：再试试这双41号的。
Zài shìshi zhè shuāng sìshi yí hàor de.

甲：这双正合适，多少钱？
Zhè shuāng zhèng héshì, duōshao qián?

乙：六块五。
Liù kuài wǔ.

甲：这种太贵了，有便宜一点儿的吗？
Zhè zhǒng tài guìle, yǒu piányi yìdiǎnr de ma?

乙：这种四块二，又便宜又好。
Zhè zhǒng sì kuài èr, yòu piányi yòu hǎo.

甲：好，就买这双。
Hǎo, jiù mǎi zhè shuāng.

乙：请您在那儿交款。
Qǐng nín zài nàr jiāokuǎn.

甲：你好！
　　Nǐ hǎo!

乙：你好！
　　Nǐ hǎo!

甲：你买什么？
　　Nǐ mǎi shénme?

乙：我要买一双布鞋。
　　Wǒ yào mǎi yì shuāng bùxié.

甲：你试试这双。
　　Nǐ shìshi zhè shuāng.

乙：有点儿大，请把那双拿给我试试。
　　Yǒu diǎnr dà, qǐng bǎ nà shuāng nágěi wǒ shìshi.

甲：这双怎么样？
　　Zhè shuāng zěnmeyàng?

乙：这双正合适。
　　Zhè shuāng zhèng héshì.

甲：多少钱？
　　Duōshao qián?

乙：四块五。
　　Sì kuài wǔ,

甲：又便宜又好。
　　Yòu piányi yòu hǎo.

乙：买这双吗？
　　Mǎi zhè shuāng ma?

甲：好，给你钱。
　　Hǎo, gěi nǐ qián.

乙：再见。
　　Zàijiàn.

甲：再见。
　　Zàijiàn.

生　　　词

1. 把　　　　（介）bǎ　　　(a preposition used to bring an object before a verbal predicate.)
2. 布鞋　　　（名）bùxié　　cotton shoes
3. 拿　　　　（动）ná　　　to get; take; bring
4. 穿　　　　（动）chuān　to wear
5. 多大　　　　　duōdà　size
6. 忘　　　　（动）wàng　to forget
7. 大概　　　（副）dàgài　perhaps; probably
8. 试　　　　（动）shì　　to try
9. 双　　　　（量）shuāng　pair
10. 小　　　　（形）xiǎo　small
11. 正　　　　（副）zhèng　just; exactly
12. 合适　　　（形）héshì　suitable
13. 种　　　　（量）zhǒng　kind; sort
14. 太　　　　（副）tài　　too
15. 贵　　　　（形）guì　　expensive
16. 便宜　　　（形）piányi　cheap
17. …又…又　　　…yòu…yòu…　both. . .and . . .
18. 那儿　　　（代）nàr　　over there
19. 交　　　　（动）jiāo　to pay
20. 款　　　　（名）kuǎn　money
21. 大　　　　（形）dà　　big

57

22.	长	（形）cháng	long
23.	短	（形）duǎn	short
24.	贱	（形）jiàn	cheap

补 充 词 语

1.	小卖部	（名）xiǎomàibù	a small shop attached to a school, factory, or hospital etc.
2.	百货大楼	（专名）Bǎihuò Dàlóu	Department Store
3.	东风市场	（专名）Dōngfēng Shìchǎng	Dongfeng Market
4.	售货员	（名）shòuhuòyuán	shop assistant
5.	顾客	（名）gùkè	customer
6.	西装	（名）xīzhuāng	(Western) suit
7.	中山装	（名）zhōngshān zhuāng	Chinese tunic suit
8.	雨衣	（名）yǔyī	raincoat
9.	大衣	（名）dàyī	overcoat
10.	睡衣	（名）shuìyī	pyjamas
11.	皮鞋	（名）píxié	leather shoes
12.	雨鞋	（名）yǔxié	wellingtons
13.	绸子	（名）chóuzi	silk
14.	缎子	（名）duànzi	satin
15.	字帖	（名）zìtiè	copybook for calligraphy
16.	砚台	（名）yàntai	inkstone

17.	墨	（名）mò	Chinese ink
18.	手工艺品	（名）shǒu-gōng yìpǐn	handicraft goods
19.	象牙雕刻	xiàngyá diāokè	ivory carving
20.	瓷器	（名）cíqì	porcelain
21.	中国画	Zhōngguó huàr	Chinese painting
22.	纪念品	（名）jìniànpǐn	souvenir

十一、在 饭 馆

句 子

101. 您吃什么？ 这是菜单。

Nín chī shénme? Zhè shì càidānr.

What would you like to eat? This is the menu.

102. 那是什么菜？

Nà shì shénme cài?

What's that dish?

103. 那是拼盘，里面有香肠、火腿、熏鱼和松花蛋，来一盘吗？

Nà shì pīnpánr, lǐmian yǒu xiāngchángr, huǒtui, xūnyú hé sōnghuādàn, lái yì pánr ma?

That's an assorted cold dish. It includes sliced sausages, ham, smoked fish and preserved eggs. Would you like to have a plate?

104. 您还要什么菜？

Nín hái yào shénme cài?

What dishes would you like to have besides that?

105. 来一个辣子鸡丁和一个糖醋鱼。

Lái yí ge làzi-jīdīngr hé yí ge tángcùyú.

I'll take the diced hot chicken and sweet and sour fish.

106. 您吃米饭还是吃饺子？
   Nín chī mǐfàn háishì chī jiǎozi?
   Do you want rice or dumplings?

107. 来一碗米饭。
   Lái yi wǎn mǐfàn.
   One bowl of rice, please.

108. 要不要汤？
   Yào-buyào tāng?
   Would you like soup?

109. 喝酒吗？
   Hē jiǔ ma?
   What do you want to drink?

110. 来一瓶啤酒。
   Lái yì píngr píjiǔ.
   A bottle of beer, please.

替 换 练 习

1. 那是〔拼盘〕。

包子	饺子	面条	面包

2. 来〔一个辣子鸡丁和一个糖醋鱼〕。

一块面包	一块黄油	一杯牛奶
一杯咖啡	一杯茶	一杯啤酒

3. 您吃〔米饭〕还是吃〔饺子〕？

中餐	西餐
香肠	火腿

4．要不要〔汤〕？

水果 酒 茶 糖 烟

5．喝〔酒〕吗？

水 茶 咖啡
牛奶 啤酒

会　　话

甲：您吃什么？这是菜单。
　　Nín chī shénme?　Zhè shì cài dānr.

乙：那是什么菜？
　　Nà shì shénme cài?

甲：那是拼盘，里面有香肠、火腿、熏鱼和松花蛋，来一盘吗？
　　Nà shì pīnpánr, lǐmian yǒu xiāngchángr, huǒtuǐ, xūnyú
　　hé sōnghuādàn, lái yì pánr ma?

乙：好，来一盘。
　　Hǎo, lái yì pánr.

甲：您还要什么菜？
　　Nín hái yào shénme cài?

乙：再来一个辣子鸡丁和一个糖醋鱼。
　　Zài lái yí ge làzi-jīdīngr hé yí ge tángcùyú.

甲：您吃米饭还是吃饺子？
　　Nín chī mǐfà háishi chī jiǎozi?

乙：来一碗米饭。
　　Lái yì wǎn mǐfàn.

甲：要不要汤？
Yào-buyào tāng?

乙：不要。
Bú yào.

甲：喝酒吗？
Hē jiǔ ma?

乙：来一瓶啤酒。
Lái yì píngr píjiǔ.

甲：同志，我要吃饺子。
Tóngzhì, wǒ yào chī jiǎozi.

乙：您吃多少？
Nín chī duōshao?

甲：来半斤吧。
Lái bàn jīn ba?

乙：还要什么菜？
Hái yào shénme cài?

甲：有拼盘吗？
Yǒu pīnpánr ma?

乙：有。
Yǒu.

甲：里面有什么？
Lǐmian yǒu shénme?

乙：香肠和熏鱼。
Xiāngchángr hé xūnyú.

甲：好，来一盘。
Hǎo, lái yì pánr.

乙：还要什么？
Hái yào shénme?

甲：再来一杯啤酒。
Zài lái yì bēi píjiǔ.

乙：要不要汤？
Yào-buyào tāng?

甲：不要，多少钱？
Bú yào, duōshao qián?

乙：一共两块四毛五。
Yígòng liǎng kuài sì máo wǔ.

甲：给您钱。
Gěi nín qián.

生　词

1. 吃　　　　（动）chī　　　　　to eat
2. 菜单　　　（名）càidānr　　　menu
3. 拼盘　　　（名）pīnpánr　　　assorted cold dish
4. 里面　　　（名）lǐmian　　　inside; in
5. 香肠　　　（名）xiāngchángr　sausage
6. 火腿　　　（名）huǒtuǐ　　　ham
7. 熏鱼　　　（名）xūnyú　　　　smoked fish
8. 松花蛋　　（名）sōnghuādàn　preserved egg
9. 来　　　　（动）lái　　　　　to take; to buy; to have
10. 盘　　　　（名）pánr　　　　plate; (a measure word)
11. 辣子鸡丁　（名）làzi-jīdīngr　diced hot chicken
12. 糖醋鱼　　（名）tángcùyú　　sweet and sour fish
13. 米饭　　　（名）mǐfàn　　　　rice
14. 饺子　　　（名）jiǎozi　　　　dumpling
15. 碗　　　　（名）wǎn　　　　　bowl
16. 汤　　　　（名）tāng　　　　　soup

17.	酒	（名）jiǔ	alcohol (of all types)
18.	瓶	（名）píngr	bottle
19.	啤酒	（名）píjiǔ	beer
20.	包子	（名）bāozi	steamed stuffed bun
21.	面条	（名）miàntiáor	noodles
22.	面包	（名）miànbāo	bread
23.	黄油	（名）huángyóu	butter
24.	牛奶	（名）niúnǎi	milk
25.	咖啡	（名）kāfēi	coffee
26.	中餐	（名）zhōngcān	Chinese meal
27.	西餐	（名）xīcān	Western meal
28.	水果	（名）shuǐguǒ	fruit

补 充 词 语

1.	早点	（名）zǎodiǎn	light breakfast
2.	午饭	（名）wǔfàn	lunch
3.	晚饭	（名）wǎnfàn	supper; evening meal
4.	烤鸭	（名）kǎoyā	roast duck
5.	涮羊肉	（名）shuànyáng ròu	Mongolian mutton hot-pot
6.	绍兴黄酒	（名）Shàoxīng huángjiǔ	Shaoxing yellow wine
7.	茅台	（名）Máotái	Maotai(spirit)
8.	威士忌	（名）wēishìjì	whisky
9.	香槟酒	（名）xiāngbīnjiǔ	champagne
10.	刀子	（名）dāozi	knife

11.	叉子	（名）	chāzi	fork
12.	筷子	（名）	kuàizi	chopsticks
13.	杯子	（名）	bēizi	cup; glass
14.	勺子	（名）	sháozi	spoon

十二、问　　路

句　　子

111. 劳驾，到人民剧场怎么走？
Láojià, dào Rénmín Jùchǎng zěnme zǒu?
Excuse me, could you tell me the way to the People's Theatre?

112. 往前走。
Wàng qián zǒu.
Go straight on.

113. 到前边红绿灯，往右拐。
Dào qiánbiānr hónglǜdēngr, wàng yòu guǎi.
Turn right at the traffic-lights.

114. 离这儿远吗？
Lí zhèr yuǎn ma?
Is it far from here?

115. 不太远，大约走五分钟。
Bú tài yuǎn, dàyuē zǒu wǔ fēnzhōng.
No, it's only about five minutes' walk.

116. 能坐车去吗？
Néng zuò chē qù ma?
Can I get there by bus?

117. 请问，去百货大楼坐几路车？
Qǐng wèn, qù Bǎihuò Dàlóu zuò jǐ lù chē?
Excuse me, could you tell me which bus goes to the Department Store?

118. 坐331路汽车。
Zuò sān-sān-yāo lù qìchē.
Take the 331.

119. 在哪儿下车？
Zài nǎr xià chē?
Can you tell me where to get off?

120. 在新街口换111路无轨电车，到灯市西口下。
Zài Xīnjiēkǒur huàn yāo-yāo-yāo lù wúguǐ diànchē, dào Dēngshì xīkǒur xià.
Change to a 111 trolley bus at Xinjiekou, and get off at Dengshixikou.

替 换 练 习

1. 劳驾，到〔人民剧场〕怎么走？

首都剧场	东风市场	友谊商店
国际俱乐部	美国大使馆	

2. 〔往前〕走。

往后

3. 到前边红绿灯，〔往右〕拐。

往左

4. 离这儿〔远吗〕？

远不远　近不近

5. 在哪儿〔下车〕？

上车　换车

会　话

甲：劳驾，到人民剧场怎么走？
　　Láojià, dào Rénmín Jùchǎng zěnme zǒu?

乙：往前走。
　　Wàng qián zǒu.

甲：离这儿远吗？
　　Lí zhèr yuǎn ma?

乙：不太远，大约走五分钟。
　　Bú tài yuǎn, dàyuē zǒu wǔ fēnzhōng.

甲：谢谢您。
　　Xièxie nín.

乙：不谢。
　　Bú xiè.

　　……

甲：请问，去百货大楼坐几路车？
　　Qǐng wèn, qù Bǎihuò Dàlóu zuò jǐ lù chē?

丙：坐331路汽车。
　　Zuò sān-sān-yāo lù qìchē.

甲：在哪儿下车？
　　Zài nǎr xià chē?

丙：在新街口换111路无轨电车，灯市西口下。
Zài Xīnjiēkǒur huàn yāo-yāo-yāo lù wúguǐ diànchē,
Dēngshì-xīkǒur xià.

甲：谢谢。
Xièxie.

丙：不客气。
Bú kèqi.

甲：对不起，到美国大使馆怎么走？
Duìbuqǐ, dào Měiguó dàshǐguǎn zěnme zǒu?

乙：往前走，到红绿灯，往右拐。
Wàng qián zǒu, dào hónglùdēngr, wàng yòu guǎi.

甲：离这儿远不远？
Lí zhèr yuǎn-buyuǎn?

乙：不太远。
Bú tài yuǎn.

甲：走多少分钟？
Zǒu duōshao fēnzhōng?

乙：大约走20分钟。
Dàyuē zǒu èrshi fēnzhōng.

甲：能坐车去吗？
Néng zuò chē qù ma?

乙：能。坐113路汽车。
Néng. Zuò yāo-yāo-sān lù qìchē.

甲：在哪儿下？
Zài nǎr xià?

乙：在三里屯下。
Zài Sānlǐtúnr xià.

甲：再见。
Zàijiàn.

再见。
Zàijiàn.

生　词

到	（动）	dào	to go to
人民	（名）	rénmín	people
剧场	（名）	jùchǎng	theatre
怎么	（代）	zěnme	how
走	（动）	zǒu	to walk; to go
往	（介）	wàng	toward; to
前	（方位）	qián	ahead; front
前边	（方位）	qiánbiānr	ahead; front
红绿灯	（名）	hónglǜdēngr	traffic-lights
右	（方位）	yòu	right
拐	（动）	guǎi	to turn
离	（介）	lí	from
远	（形）	yuǎn	far
大约	（副）	dàyuē	about
车	（名）	chē	automobile
去	（动）	qù	to go
路	（名）	lù	road; (bus) number
汽车	（名）	qìchē	automobile; motor vehicle
下	（动）	xià	to get off
换	（动）	huàn	to change
无轨电车	（名）	wúguǐ diànchē	trolley bus
新街口	（专名）	Xīnjiēkǒur	name of a place

23. 灯市西口（专名）Dēngshì- name of a place
xīkǒur
24. 首都　　（名）shǒudū capital
25. 国际　　（名）guójì international
26. 俱乐部　（名）jùlèbù club
27. 大使馆　（名）dàshǐguǎn embassy
28. 后　　　（方位）hòu behind; back
29. 左　　　（方位）zuǒ left
30. 上　　　（动）shàng to get on

　　　　　　补 充 词 语

1. 东　　　（方位）dōng east
2. 南　　　（方位）nán south
3. 西　　　（方位）xī west
4. 北　　　（方位）běi north
5. 近　　　（形）jìn near
6. 十字路口（名）shízìlùkǒur crossroads; intersection
7. 便道　　（名）biàndào pavement ; side walk
8. 马路　　（名）mǎlù street; main road
9. 走路　　（动）zǒulù to walk
10. 交通警　（名）jiāotōngjǐng traffic police
11. ××路汽车站在 XX lù qìchē Where is the … bus stop?
哪儿? zhàn zài nǎr?

十三、在公共汽车上

句　子

121. 这路车去前门吗？
Zhè lù chē qù Qiánmén ma?
Does this bus go to Qianmen?

122. 到民族文化宫在哪儿下？
Dào Mínzú Wénhuàgōng zài nǎr xià?
Could you tell me where to get off for the Cultural Palace of the Nationalities?

123. 有买票的没有？
Yǒu mǎi piào de méiyǒu?
Fares, please.

124. 我买一张到西单的票。
Wǒ mǎi yì zhāng dào Xīdān de piào.
One ticket to Xidan, please.

125. 哪儿上的？
Nǎr shàng de?
Where did you get on?

126. 北太平庄上的。
Běitàipíngzhuāng shàng de.
At Beitaipingzhuang.

127. 到站的时候，请告诉我一声。
Dào zhàn de shíhou, qǐng gàosu wǒ yìshēngr.
Please remind me when we get there?

128. 西单到了，您该下车了。
Xīdān dàole, nín gāi xià chē le.
Xidan! This is where you get off.

129. 您下车吗？
Nín xià chē ma?
Are you getting off here?

130. 劳驾了，我下车。
Láojià le, wǒ xià chē.
Excuse me, I'm getting off.

替 换 练 习

1. 这路车〔去〕〔前门〕吗？

开往	天安门　新街口 颐和园　北海 动物园

2. 有〔买票的〕没有？

下车的　上车的

3. 〔到站〕的时候，请告诉〔我〕一声。

下车 吃饭	我们 他

4. 您该〔下车〕了。

> 上课　休息　走

5. 您〔下车〕吗?

> 上车　买票　有零钱

会　话

甲: 请问，这路车去前门吗?
　　Qǐng wèn, zhè lù chē qù Qiánmén ma?

乙: 去。
　　Qù.

甲: 到民族文化宫在哪儿下?
　　Dào Mínzú Wénhuàgōng zài nǎr xià?

乙: 在西单下。……有买票的没有?
　　Zài Xīdān xià. ......Yǒu mǎi piào de méiyǒu?

甲: 我买一张到西单的票。
　　Wǒ mǎi yì zhāng dào Xīdān de piào.

乙: 哪儿上的?
　　Nǎr shàng de?

甲: 北太平庄上的。
　　Běi tàipíngzhuāng shàng de.

乙: 一毛。
　　Yì máo.

甲: 劳驾，到站的时候请告诉我一声。
　　Láojià, dào zhàn de shíhou qǐng gào su wǒ yìshēngr.

乙：好。
　　Hǎo.

　　……

乙：西单到了，您该下车了。
　　Xīdān dàole, nín gāi xià chē le.

甲：好，谢谢。对不起，您下车吗？
　　Hǎo, xièxie.　Duìbuqǐ, nín xià chē ma?

丙：不下。
　　Bú xià.

甲：劳驾了，我下车。
　　Láojià le, wǒ xià chē.

甲：劳驾，这路车去哪儿？
　　Láojià, zhè lù chē qù nǎr?

乙：这路车开往颐和园。
　　Zhè lù chē kāi wǎng Yíhéyuán.

甲：去语言学院在哪儿下？
　　Qù Yǔyán Xuéyuàn zài nǎr xià?

乙：在中关村下，换331路汽车。
　　Zài Zhōngguāncūn xià, huàn sān-sān-yāo lù qìchē.

甲：好，我买一张到中关村的票。
　　Hǎo, wǒ mǎi yì zhāng dào Zhōngguāncūn de piào.

乙：两毛。
　　Liǎng máo.

甲：劳驾，到中关村的时候，告诉我一声。
　　Láojià, dào Zhōngguāncūn de shíhou, gàosu wǒ yì shēngr.

乙：好。有买票的吗？有没有买票的？
　　Hǎo.　Yǒu mǎi piào de ma?　Yǒu-meiyǒu mǎi piào de?

　　……

乙：同志，中关村到了，您该下车了。
Tóngzhì, Zhōngguāncūn dàole, nín gāi xià chē le.

甲：好，谢谢你。对不起，您下不下车？
Hǎo xièxie ni. Duìbuqǐ, nín xià-buxià chē?

丙：下。
Xià.

甲：好。
Hǎo.

生　词

1.	前门	（专名）	Qiánmén	name of a place
2.	民族	（名）	mínzú	nationality
3.	文化	（名）	wénhuà	culture
4.	官	（名）	gōng	palace
5.	票	（名）	piào	ticket
6.	西单	（专名）	Xīdān	name of a place
7.	北太平庄	（专名）	Běitàipíng zhuāng	name of a place
8.	告诉(一声)	（动）	gàosu (yìshēng)	to tell; remind
9.	该	（助动）	gāi	should; ought
10.	天安门	（专名）	Tiān'ānmén	Tian An Men
11.	颐和园	（专名）	Yíhéyuán	the Summer Palace
12.	北海	（专名）	Běihǎi	Beihai Park
13.	上课		shàngkè	to attend class
14.	休息	（动）	xiūxi	to rest
15.	零钱	（名）	língqián	small change

补 充 词 语

1. 售票员（名）shòupiàoyuán   conductor
2. 司机   （名）sījī   driver
3. 旅游车（名）lǚyóuchē   tourist bus
4. 终点站（名）zhōngdiǎnzhàn   terminal
5. 加车   （名）jiāchē   extra bus
6. 下一站是   Xià yí zhàn shì   The next stop is . . .
   ××站。   X X zhàn.
7. 上车往里走。Shàng chē   More along the bus, please.
   wàng lǐ zǒu.

十四、理　　发

句　　子

131. 理发，请坐在那儿等一下。
Lǐfà, qǐng zuòzài nàr děng yíxiàr.
Would those who want to have their hair cut please　sit over there and wait?

132. 该您理了，请坐到这儿来。
Gāi nín lǐ le, qǐng zuòdào zhèr lai.
It's your turn now.　Sit here please.

133. 理什么样的?
Lǐ shénmeyàngr de?
How do you want it?

134. 照原样理。
Zhào yuán yàngr lǐ.
Same as before.

135. 剪短一点。
Jiǎn duǎn yìdiǎnr.
Cut it short, please.

136. 刮不刮脸?
Guā-buguā liǎn?
Would you like to have a shave?

137. 不用刮。
   Búyòng guā.
   No shave, thanks.

138. 洗头吗？
   Xǐ tóu ma?
   Would you like to have your hair washed?

139. 要不要搽油？
   Yào-buyào chá yóu?
   Shall I put some oil on?

140. 不要，吹干就行了。
   Bú yào, chuī gān jiù xíng le.
   No, If you just dry it, that'll be fine.

替 换 练 习

1. 理发，请坐〔在那儿〕等一下。

在这儿 那儿 这儿

2. 该您理了，请坐到〔这儿来〕。

那儿去

3. 〔理〕什么样儿的？

要 买

4. 照〔原样〕理。

这个样 那个样 他那样

80

5. 〔剪短〕一点。

> 留长
> 留大

6. 要不要〔搽油〕?

> 问王老师
> 打电话
> 我和你一起去

会　话

甲：理发，请坐在那儿等一下。
　　Lǐfà, qǐng zuòzài nàr děng yíxiàr.

乙：好。
　　hǎo.

　　……

甲：该您理了，请坐到这儿来。
　　Gāi nín lǐ le, qǐng zuòdào zhèr lái.

乙：好。
　　Hǎo.

甲：理什么样的?
　　Lǐ shénmeyàngr de?

乙：照原样理。
　　Zhào yuán yàngr lǐ.

甲：刮不刮脸?
　　Guā-buguā liǎn?

乙： 不用刮。
Búyòng guā.

甲： 要不要洗头？
Yào-buyào xǐ tóu?

乙： 洗洗吧。
Xíxi ba.

甲： 要不要搽油？
Yào-buyào chá yóu?

乙： 不要，吹干就行了。
Bú yào, chuī gān jiù xíng le.

甲： 您好！
Nín hǎo!

乙： 您好！
Nín hǎo!

甲： 您要理发吗？
Nín yào lǐfà ma?

乙： 是的。
Shì de.

甲： 请等一等。
Qǐng děng-yiděng.

乙： 好。
Hǎo.

甲： 请坐！
Qǐng zuò!

乙： 谢谢。
Xièxie.

甲： 您要理什么样的？
Nín yào lǐ shénmeyàngr de?

乙： 剪短一点儿。

Jiǎn duǎn yìdiǎnr.

甲：刮脸吗？
Guā liǎn ma?

乙：刮一刮。
Guā-yiguā.

甲：洗头吗？
Xǐ tóu ma?

乙：不洗了。
Bù xǐ le.

甲：您看，怎么样？
Nín kàn, zěnmeyàng?

乙：很好，谢谢。
Hěn hǎo, xièxie.

甲：再见。
Zàijiàn.

乙：再见。
Zàijiàn.

生　　词

1. 理发		lǐfà	to have a haircut; to have one's hair done
2. 理	（动）	lǐ	to arrange; to have one's hair cut or done
3. 样	（名）	yàngr	shape; style
4. 照	（介）	zhào	according to
5. 原样		yuán yàngr	the original style; the same
6. 剪	（动）	jiǎn	to cut

83

7.	点儿	（量）	diǎnr	a little
8.	留	（动）	liú	to wear (long hair etc.)
9.	刮（脸）	（动）	guā (liǎn)	to shave
10.	脸	（名）	liǎn	face
11.	不用	（副）	búyòng	unnecessarily; need not
12.	洗	（动）	xǐ	to wash
13.	头	（名）	tóu	head
14.	要	（助动）	yào	to want; need
15.	搽油		chá yóu	to oil
16.	吹	（动）	chuī	to dry
17.	干	（形）	gān	dry
18.	行	（形）	xíng	O.K.
19.	一起	（副）	yìqǐ	together

补 充 词 语

1.	吹风		chuīfēng	to dry (one's hair)
2.	电烫		diàntàng	to have permanent wave; to have one's hair set
3.	刀片儿	（名）	dāopiànr	razor blade
4.	理发店	（名）	lǐfàdiàn	barber's
5.	理发师	（名）	lǐfàshī	barber; hairdresser
6.	请给修一下胡子。		Qǐng gěi xiū yíxià húzi.	Please trim my moustache.
7.	喷不喷点香水?		Pēn-bupēn diǎnr xiāngshuǐr?	Do you want some perfume spray?

十五、看 病

句 子

141. 大夫，我不太舒服。
Dàifu, wǒ bú tài shūfu.
Doctor, I don't feel very well.

142. 您怎么了？
Nín zěnme le?
What's worrying you?

143. 头疼，咳嗽，觉得全身没劲儿。
Tóuténg, késou, juéde quánshēn méi jìnr.
I have a headache and a cough, and feel rather weak .

144. 发不发烧？
Fā-bufā shāo?
Are you running a fever?

145. 给您量一量体温吧。
Gěi nín liáng-yiliáng tǐwēn ba.
Let me take your temperature.

146. 多少度？
Duōshao dù?
How high is it?

147. 三十八度三，张开嘴："啊——"
Sānshi bā dù sān, zhāngkai zuǐ: "A —"
38.3°C. Open your mouth. Say "Ah —"

148. 什么病？
Shénme bìng?
What's the trouble?

149. 解开上衣，我听听，——嗯，感冒了。
Jiěkāi shàngyī, wǒ tīngting, — N, gǎnmào le.
Unfasten your coat and I'll listen to your heart. Well,
you seem to have caught a cold.

150. 不要紧，吃点儿药就好了，不过要注意休息。
Bú yàojǐn, chī diǎnr yào jiù hǎole, búguò yào zhùyì xiūxi.
It's nothing serious. Take some medicine and you'll
be all right, however, you had better have a good
rest.

替 换 练 习

1. 大夫，我〔不太〕舒服。

不	很不
非常不	不怎么

2. 〔　〕觉得〔全身没劲儿〕。

我	很累
	很热
	有点儿发烧
	不舒服

3．给您量一量〔体温〕吧。

血压

4．要注意〔休息〕。

身体

会　　话

甲：大夫，我不太舒服。
　　Dàifu, wǒ bú tài shūfu.

乙：您怎么了？
　　Nín zěnme le?

甲：头疼，咳嗽，觉得全身没劲儿。
　　Tóuténg, késou, juéde quánshēn méi jìnr.

乙：发不发烧？
　　Fā-bufā shāo?

甲：大概发烧。
　　Dàgài fāshāo.

乙：给您量一量体温吧。
　　Gěi nín liáng-yiliáng tǐwēn ba.

甲：好。
　　Hǎo.

乙：嗯——
　　En——

甲：多少度？
　　Duōshao dù?

乙：三十八度三，请张开嘴："啊——"
　　Sānshi bā dù sān, qǐng zhāng kai zuǐ: "A —"

甲：什么病？
　　Shénme bìng?

乙：解开上衣，我听听。——感冒了。
　　Jiěkai shàngyī, wǒ tīngting. —— Gǎnmào le.

甲：不要紧，吃点儿药，就好了，不过要注意休息。
　　Bú yàojǐn, chī diǎnr yào jiù hǎole, búguò yào zhùyi xiūxi.

甲：你怎么了？
　　Nǐ zěnme le?

乙：大夫，我觉得很不舒服。
　　Dàifu, wǒ juéde hěn bù shūfu.

甲：哪儿不舒服？
　　Nǎr bù shūfu?

乙：头疼，全身没劲儿。
　　Tóuténg, quánshēn méi jìnr.

甲：咳嗽不咳嗽？
　　Késou-bukésou?

乙：不咳嗽。
　　Bù késou.

甲：你觉得发烧吗？
　　Nǐ juéde fāshāo ma?

乙：有点儿发烧。
　　Yǒu diǎnr fāshāo.

甲：给你量一量体温吧。
　　Gěi nǐ liáng-yiliáng tǐwēn ba.

乙：多少度？
　　Duōshao dù?

88

甲：三十八度。
　　Sānshi bā dù.

乙：什么病？
　　Shénme bìng?

甲：大概感冒了，解开上衣我听听。
　　Dàgài gǎnmào le, jiěkai shàngyī wǒ tīngting.

乙：怎么样？
　　Zěnmeyàng?

甲：是感冒了，吃点儿药，休息休息就好了。
　　Shì gǎnmào le, chī diǎnr yào, xiūxi xiūxi jiù hǎole.

乙：谢谢大夫。
　　Xièxie dàifu.

甲：不客气。
　　Bú kèqi.

生　　词

1. 看病		kàn bìng	to see a doctor
2. 大夫	（名）	dàifu	doctor
3. 舒服	（形）	shūfu	well
4. 头疼		tóuténg	headache
5. 咳嗽	（动）	késou	cough
6. 觉得	（动）	juéde	to feel
7. 全身		quánshēn	whole body
8. 劲儿	（名）	jìnr	strength
9. 发烧	（动）	fāshāo	to have a fever
10. 量	（动）	liáng	to take (one's temperature)

11.	体温	（名） tǐwēn	temperature
12.	度	（量） dù	degree
13.	张开	zhāngkai	to open
14.	嘴	（名） zuǐ	mouth ; lips
15.	病	（名） bìng	illness
16.	解开	jiěkai	to unfasten
17.	上衣	（名） shàngyī	coat; jacket
18.	听	（动） tīng	to listen
19.	嗯	（助） en	mmh
20.	感冒	（动） gǎnmào	to catch a cold
21.	要紧	（形） yàojǐn	serious
22.	药	（名） yào	medicine
23.	就	（副） jiù	just; right after
24.	不过	（连） búguò	but
25.	注意	（动） zhùyì	to pay attention to
26.	非常	（副） fēicháng	very; extremely
27.	累	（形） lèi	tired
28.	热	（形） rè	hot
29.	血压	（名） xuèyā	blood pressure

补 充 词 语

1.	医院	（名） yīyuàn	hospital
2.	医生	（名） yīshēng	doctor
3.	护士	（名） hùshi	nurse
4.	病人	（名） bìngrén	patient
5.	透视	（动） tòushì	to have sth. X-rayed

6. 打针		dǎ zhēn	to give (have) an injection
7. 针灸	（名）	zhēnjiǔ	acupuncture
8. 挂号	（动）	guàhào	to register
9. 病历	（名）	bìnglì	case history
10. 中医	（名）	zhōngyī	Chinese medicine ; doctor specializing in Chinese medicine
11. 西医	（名）	xīyī	Western medicine; a doctor trained in Western medicine
12. 药一天三次，每次两片。		Yào yì tiān sān cì, měi cì liǎng piànr.	Two tablets three times a day.
13. 上下午各打一针。		Shàng-xiàwǔ gè dǎ yì zhēn.	Have an injection both in the morning and afternoon.

十六、在洗衣店

句 子

151. 劳驾，请给我洗一件衬衣和一条裤子。

Láojià, qǐng gěi wǒ xǐ yí jiàn chènyī hé yì tiáo kùzi.

I want to have my shirt and trousers washed, please.

152. 请你把我这套衣服给熨一下。

Qǐng nǐ bǎ wǒ zhè tào yīfu gěi yùn yíxiàr.

Will you please have my suit ironed?

153. 什么时候来取？

Shénme shíhou lái qǔ?

When can I call for them?

154. 一个星期以后，十八号来取。

Yí gè xīngqī yǐhòu, shíbā hào lái qǔ.

In a week's time, say, on the 18th.

155. 能不能早一点儿？我要去上海旅行。

Néng-bunéng zǎo yidiǎnr?　Wǒ yào qù Shànghǎi lǚxíng.

Can I collect them at an earlier date?
　You see, I'm going to visit Shanghai.

156. 你打算什么时候走？

Nǐ dǎsuan shénme shíhou zǒu?

When are you leaving?

157. 后天晚车走，我明天下午来取，行吗？

Hòutiān wǎnchē zǒu, wǒ míngtiān xiàwǔ lái qǔ, xíng ma?

I'm leaving on a night train the day after tomorrow.
Shall I come to fetch them tomorrow afternoon?

158. 这是收据，请你带好。

Zhè shǐ shōujù, qǐng nǐ dàihǎo.

This is the receipt, please keep it safely.

159. 现在收不收费？

Xiànzài shōu-bushōu fèi?

Shall I pay right now?

160. 不收，取衣服的时候收费。

Bù shōu, qǔ yīfu de shíhou shōu fèi.

No, not now. You can pay when you come to collect the clothes.

替 换 练 习

1. 请给我〔洗〕〔一件衬衣和一条裤子〕。

熨熨	这套衣服
刮刮	脸
买	本书
量一量	体温

2. 请你把我〔这套衣服〕给〔熨〕一下。

这件上衣	熨
这条裤子	洗

3. 〔一个星期〕以后，十八号来取。

| 五天 |
| 半个月 |

4. 我要去〔上海〕〔旅行〕。

大使馆		参加招待会
机场		接朋友
商店		买东西

5. 你打算〔什么时候走〕？

| 什么时候动身 |
| 哪天去看他 |
| 哪天去上海旅行 |

6. 〔后天晚车走，我明天下午来取〕，行吗？

| 在这儿抽烟 |
| 我坐公共汽车去 |
| 我打个电话 |

7. 这是收据，请你〔带〕好。

| 拿 |
| 收 |

会　　话

甲：劳驾，请给我洗一件衬衣和一条裤子。
　　Láojià, qǐng gěi wǒ xǐ yí jiàn chènyī hé yì tiáo kùzi.

94

乙：好。
　　Hǎo.

甲：什么时候来取？
　　Shénme shíhou lái qǔ?

乙：一个星期以后。
　　Yí ge xīngqī yǐhòu.

甲：我要去上海旅行，能不能早一点儿？
　　Wǒ yào qù Shànghǎi lǚxíng, néng-bunéng zǎo yidiǎnr?

乙：你打算什么时候走？
　　Nǐ dǎsuan shénme shíhou zǒu?

甲：后天晚车走，我明天下午来取，行吗？
　　Hòutiān wǎnchē zǒu, wǒ míngtiān xiàwǔ lái qǔ, xíng ma?

乙：好，你明天下午六点来取吧。
　　Hǎo, nǐ míngtiān xiàwǔ liù diǎn lái qǔ ba.

甲：好。
　　Hǎo.

乙：这是收据，请你带好。
　　Zhè shì shōujù, qǐng nǐ dàihǎo.

甲：现在收不收费？
　　Xiànzài shōu-bushōu fèi?

乙：不收，取衣服的时候收费。
　　Bùshōu, qǔ yīfu de shíhou shōu fèi.

甲：再见。
　　Zàijiàn.

乙：再见。
　　Zàijiàn.

甲：您好！
　　Nín hǎo!

乙：您要洗什么？
　　Nín yào xǐ shénme?

甲：不洗什么，请您把我这套衣服给熨一下。

　　Bù xǐ shénme, qǐng nín bǎ wǒ zhè tào yīfu gěi yùn yixià.

乙：好。

　　Hǎo.

甲：什么时候熨好？

　　Shénme shíhou yùnhǎo?

乙：明天下午来取吧！

　　Míngtiān xiàwǔ lái qǔ ba!

甲：对不起，我今天晚上要去参加一个招待会，要穿这套衣服，
　　能不能今天下午来取？

　　Duìbuqǐ, wǒ jīntiān wǎnshang yào qù cānjiā yí ge zhāo-
　　dàihuì, yào chuān zhè tào yīfu, néng-bunéng jīntiān xiàwǔ
　　lái qǔ?

乙：好，您下午五点来取，行吗？

　　Hǎo, nín xiàwǔ wǔ diǎn lái qǔ, xíng ma?

甲：行，谢谢。

　　Xíng, xièxie.

乙：不客气。

　　Bú kèqi.

生　　词

1. 洗衣店	（名）	xǐyīdiàn	laundry
2. 件	（量）	jiàn	(a measure word)
3. 衬衣	（名）	chènyī	shirt
4. 条	（量）	tiáo	(a measure word)
5. 裤子	（名）	kùzi	trousers
6. 套	（量）	tào	(a measure word)

7. 衣服	（名）	yīfu	clothes
8. 熨	（动）	yùn	to iron
9. 取	（动）	qǔ	to fetch
10. 以后	（方位）	yǐhòu	after
11. 早	（形）	zǎo	early
12. 旅行	（动）	lǚxíng	to travel
13. 打算	（动）	dǎsuan	to plan
14. 后天	（名）	hòutiān	the day after tomorrow
15. 晚车	（名）	wǎnchē	night train
16. 下午	（名）	xiàwu	afternoon
17. 收据	（名）	shōujù	receipt
18. 带	（动）	dài	to bring; to take
19. 收	（动）	shōu	to receive; collect
20. 费	（名）	fèi	fare; fee
21. 本	（量）	běn	(a measure word)
22. 参加	（动）	cānjiā	to attend
23. 招待会	（名）	zhāodàihuì	reception
24. 机场	（名）	jīchǎng	airport
25. 东西	（名）	dōngxi	thing
26. 动身	（动）	dòngshēn	to start off; to set out

补 充 词 语

1. 上午	（名）	shàngwǔ	morning
2. 以前	（方位）	yǐqián	before
3. 西服	（名）	xīfú	(Western)suit
4. 裙子	（名）	qúnzi	skirt

5.	领带	（名）	lǐngdài	tie
6.	毛衣	（名）	máoyī	woolen sweater
7.	床单	（名）	chuángdānr	bed sheet
8.	毯子	（名）	tǎnzi	blanket
9.	毛料能干洗吗？		Máoliàor néng gān xǐ ma?	Can woolen things be dry cleaned?
10.	我想把这件衣服染成黑色。		Wǒ xiǎng bǎ zhè jiàn yīfu rǎnchéng hēisè.	I want to have this jacket dyed black.
11.	这儿个有洞，请给织补一下。		Zhèr yǒu ge dòng, qǐng gěi zhībǔ yixiàr.	There is a hole. Could you darn it for me please?

十七、换　　钱

句　　子

161. 我想把美元换成人民币。
　　　Wǒ xiǎng bǎ Měiyuán huànchéng Rénmínbì.
　　　I want to　change some U.S. dollars into Renminbi.

162. 您打算换多少？
　　　Nín dǎsuan huàn duōshao?
　　　How much do you wish to　change?

163. 我换五百美元。
　　　Wǒ huàn wǔbǎi Měiyuán.
　　　I want to　change 500 dollars.

164. 请您先填一张兑换单。
　　　Qǐng nín xiān tián yì zhāng duìhuàndān.
　　　Fill in the form first, please.

165. 今天美元和人民币的兑换率是多少？
　　　Jīntiān Měiyuán hé Rénmínbì de duìhuànlǜ shì duōshao?
　　　What's the rate of exchange between the U.S. dollar
　　　and Renminbi today?

166. 今天的兑换率是1比3.19。
　　　Jīntiān de duìhuànlǜ shì yī bǐ sān diǎnr yī jiǔ.
　　　The rate is 1:3.19 today.

167. 您的五百美元共换成人民币一千五百九十五元。

Nínde wǔbǎi Měiyuán gòng huànchéng Rénmínbì yìqiān
wǔbǎi jiǔshí wǔ yuán.

That's 1,595 yuan in exchange for your 500 dollars.

168. 这是您兑换的外汇券，请点一下。

Zhè shì nín duìhuàn de wàihuìquàn, qǐng diǎn yixiàr.

Here are the Foreign Exchange Certificates for the
money you've changed. Please check them.

169. 你是在哪儿兑换的外汇券？

Nǐ shì zài nǎr duìhuàn de wàihuìquàn?

Where did you exchange your Foreign Exchange Certi-
ficates?

170. 我在王府井中国银行兑换的。

Wǒ zài Wángfǔjǐng Zhōngguó Yínháng duìhuàn de.

I exchanged them in the Bank of China at Wangfujing.

替 换 练 习

1. 我想把〔美元〕换成人民币。

英镑	日元
法国法郎	西德马克
意大利里拉	

2. 您〔打算〕换多少？

想	准备	计划

100

3．我换〔五百美元〕。

> 一千英镑
> 五十万意大利里拉
> 十万日元

4．您的〔五百美元〕共换成人民币〔一千五百九十五元〕。

100马克	136.20元
100,000日元	1757.93元
5000英镑	2252.50元

5．你是在哪儿〔兑换〕的〔外汇券〕？

换	人民币
买	票
打	电话

会　话

甲：同志，我想把美元换成人民币。
　　Tóngzhì, wǒ xiǎng bǎ Měiyuán huànchéng Rénmínbì.

乙：您打算换多少？
　　Nín dǎsuan huàn duōshao?

甲：五百美元。
　　Wǔbǎi Měiyuán.

乙：请您先填一张兑换单。
　　Qǐng nín xiān tián yì zhāng duìhuàndān.

甲：好。请问，今天的兑换率是多少？
　　Hǎo. Qǐng wèn, jīntiān de duìhuànlù shì duōshao?

乙：今天的兑换率是1比3.19。
Jīntiān de duìhuànlǜ shì yī bǐ sān diǎnr yī jiǔ.

甲：给您兑换单。
Gěi nín duìhuàn dān.

乙：您的五百美元共换成人民币1,595元，请您点一下。
Nínde wǔbǎi Měiyuán gòng huànchéng Rénmínbì yìqiān
wǔbǎi jiǔshi wǔ yuán, qǐng nín diǎn yíxiàr.

甲：好。
Hǎo.

甲：你是在哪儿换的外汇券？
Nǐ shì zài nǎr huàn de wàihuìquàn?

乙：在中国银行。
Zài Zhōngguó Yínháng.

甲：中国银行在哪儿？
Zhōngguó Yínháng zài nǎr?

乙：在王府井，离百货大楼不远。你想去换吗？
Zài Wángfǔjǐng, lí Bǎihuò Dàlóu bù yuǎn. Nǐ xiǎng qù
huàn ma?

甲：是的，我想去换。
Shì de, wǒ xiǎng qù huàn.

乙：你打算先换多少？
Nǐ dǎsuan xiān huàn duōshao?

甲：我打算先换二百美元的外汇券。你兑换了多少？
Wǒ dǎsuan xiān huàn èrbǎi Měiyuán de wàihuìquàn.
Nǐ duìhuànle duōshao?

乙：我也是换了二百美元的。
Wǒ yě shì huànle èrbǎi Měiyuán de.

生　词

1. 想　　　　（动）xiǎng　　　to want; to think
2. 换成　　　　　　huànchéng　to　change into
3. 美元　　　（名）Měiyuán　　U.S. dollars
4. 人民币　　（名）Rénmínbì　Renminbi (Chinese curren-cy)
5. 先　　　　（副）xiān　　　first
6. 填　　　　（动）tián　　　to fill in
7. 张　　　　（量）zhāng　　（a measure word）
8. 兑换单　　（名）duìhuàndān　exchange form
9. 兑换率　　（名）duìhuànlù　rate of exchange
10. 比　　　　（动）bǐ　　　to compare
11. 共　　　　（副）gòng　　altogether
12. 兑换　　　（动）duìhuàn　to exchange
13. 外汇券　　（名）wàihuìquàn　Foreign Exchange Certificate
14. 点　　　　（动）diǎn　　to check; to count
15. 英镑　　　（名）Yīngbàng　pound sterling
16. 日元　　　（名）Rìyuán　　Japanese yen
17. 法郎　　　（名）Fǎláng　　franc
18. 西德　　（专名）Xī-Dé　　West Germany
19. 马克　　　（名）Mǎkè　　mark
20. 里拉　　　（名）Lǐlā　　lira
21. 准备　　　（动）zhǔnbèi　to prepare; to intend
22. 计划　　　（动）jìhuà　　to plan
23. 千　　　　（数）qiān·　　thousand

24. 万　　　　（数）wàn　　　ten thousand

补 充 词 语

1. 中国人民
   银行　　（专名）Zhōngguó　the People's Bank
   　　　　　　　Rénmín　　of China
   　　　　　　　Yínháng
2. 储蓄所　　（名）chǔxùsuǒ　savings bank
3. 存折　　　（名）cúnzhé　　deposit book
4. 利息　　　（名）lìxi　　　interest
5. 旅行支票　　　lǚxíng　　traveller's cheque
   　　　　　　　zhīpiào
6. 港币　　　（名）Gǎngbì　　Hong Kong dollar
7. 卢布　　　（名）Lúbù　　　rouble
8. 存款　　　（名）cúnkuǎn　savings;deposits
9. 外汇牌价　　　wàihuì páijià　market quotation of foreign
   　　　　　　　　　　　　exchange

十八、在外文书店

句　子

171. 有《北京游览图》吗？
Yǒu «Běijīng Yóulǎntú» ma?
Have you got a Tourist Map of Beijing?

172. 你要什么文的？
Nǐ yào shénme wén de?
Which language version do you want?

173. 真不巧，刚卖完。
Zhēn bù qiǎo, gāng màiwán.
Unfortunately, the maps have just been sold out.

174. 哎呀，怎么办？
Āiya, zěnme bàn?
Oh, what can I do?

175. 你买本《北京旅游手册》吧。
Nǐ mǎi běnr «Běijīng Lǚyóu Shǒucè» ba.
Why don't you buy a copy of the Beijing Tourist Handbook?

176. 这本手册比游览图详细，有图，有说明，还有照片。
Zhè běnr shǒucè bǐ yóulǎntú xiángxi, yǒu tú, yǒu shuōmíng, hái yǒu zhàopiānr.
This book is full of sketch maps, illustrations and photographs, giving more details than a tourist map.

177. 我想买本汉英词典，哪种好？

Wǒ xiǎng mǎi běnr Hàn-Yīng cídiǎn, nǎ zhǒng hǎo?

I want to buy a Chinese-English dictionary. Could you recommend a good one to me?

178. 北京外语学院编的《汉英词典》比较好。

Běijīng Wàiyǔ Xuéyuàn biān de «Hàn-Yīng Cídiǎn» bǐjiào hǎo.

A Chinese-English Dictionary compiled by the Beijing Institute of Foreign Languages is very good.

179. 关于中国针灸的书有哪些？

Guānyú Zhōngguó zhēnjiǔ de shū yǒu nǎxiē?

What books about Chinese acupuncture are there?

180. 没有外文的。中文的，你到新华书店去看看。

Méiyou wàiwén de. Zhōngwén de, nǐ dào Xīnhuá shūdiàn qù kànkan.

There aren't any in foreign languages. For those in Chinese, you'd better try the Xinhua Bookshop.

替 换 练 习

1. 你要〔什么文的〕？

英文的吗	中文的吗
日文的吗	法文的吗

2. 刚〔卖〕完。

说	写	看	吃
喝	洗	理	

3．这本手册比游览图〔详细〕。

> 简单
> 好
> 新

4．关于〔中国针灸〕的书有哪些？

> 语言
> 旅游

5．中文的，你到〔新华书店〕去〔看看〕。

> 新华书店
> 中国书店

> 买
> 问问

会　话

甲：有《北京游览图》吗？
　　Yǒu 《Běijīng Yóulǎntú》 ma?

乙：您要什么文的？
　　Nín yào shénme wén de?

甲：法文的。
　　Fǎwén de.

乙：真不巧，刚卖完。
　　Zhēn bù qiǎo, gāng màiwán.

甲：哎呀，怎么办？
　　Aiya, zěnme bàn?

乙：您买本《北京旅游手册》吧！
　　Nín mǎi běnr 《Beijīng lǚyóu Shǒucè》 ba!

甲：好不好？
　　Hǎo-buhǎo?

乙：这本手册比游览图详细，有图，有说明，还有照片。
　　Zhè běn shǒucè bǐ yóulǎntú xiángxi, yǒu tú, yǒu shuōmíng, hái yǒu zhàopiānr.

甲：好，来一本。
　　Hǎo, lái yì běnr.

乙：还买别的书吗？
　　Hái mǎi biéde shū ma?

甲：我想买一本汉英词典，哪种好？
　　Wǒ xiǎng mǎi yì běnr Hàn-Yīng cídiǎn, nǎ zhǒng hǎo?

乙：北京外语学院编的《汉英词典》比较好。
　　Běijīng Wàiyǔ Xuéyuàn biān de «Hàn-Yīng Cídiǎn» bǐjiào hǎo.

甲：好，买一本，有没有关于中国针灸的书？
　　Hǎo, mǎi-yì běnr, yǒu-méiyǒu guānyú Zhōngguó zhēnjiǔ de shū?

乙：没有外文的。中文的，您到新华书店去看看。
　　Méiyou wàiwén de. Zhōngwén de, nín dào Xīnhuá shūdiàn qù kànkan.

甲：谢谢，再见。
　　Xièxie, zàijiàn.

乙：再见。
　　Zàijiàn.

甲：您要买什么书？
　　Nín yào mǎi shénme shū?

乙：有没有《北京游览图》？
　　Yǒu-méiyǒu Běijīng Yóulǎntú?

甲：对不起，刚卖完。
　　Duìbuqǐ, gāng màiwán.

乙：怎么办？
　　Zěnme bàn?

甲：《北京旅游手册》很好，您买一本吧。
　　《Běijīng Lǚyóu Shǒucè》 hěn hǎo, nín mǎi yi běnr ba.

乙：什么文的？
　　Shénme wén de?

甲：有英文的和法文的。
　　Yǒu Yīngwén de hé Fǎwén de.

乙：买一本英文的。
　　Mǎi yì běnr Yīngwén de.

甲：还买别的书吗？
　　Hái mǎi biéde shū ma?

乙：关于中国语言的书有哪些？
　　Guānyú Zhōngguó yǔyán de shū yǒu nǎxiē?

甲：这儿没有，您到新华书店去看看。
　　Zhèr méi you, nín dào Xīnhuá Shūdiàn qù kànkan.

乙：好吧，再见。
　　Hǎo ba, zàijiàn.

甲：再见。
　　Zàijiàn.

生　　　词

1. 外文	（名）	wàiwén	foreign language
2. 书店	（名）	shūdiàn	bookshop
3. 游览图	（名）	yóulǎntú	tourist map
4. 文	（名）	wén	written language
5. 真	（副）	zhēn	real

6. 巧	（形）	qiǎo	opportune
7. 刚	（副）	gāng	just
8. 卖完		màiwán	to sell out
9. 哎呀	（语气）	āiya	(an interjection)
10. 旅游	（动）	lǚyóu	to tour
11. 手册	（名）	shǒucè	handbook
12. 详细	（形）	xiángxi	detailed
13. 图	（名）	tú	picture; map
14. 说明	（名）	shuōmíng	explanation
15. 汉英词典		Hàn-Yīng cídiǎn	Chinese-English dictionary
16. 编	（动）	biān	to compile
17. 比较	（副）	bǐjiào	comparatively
18. 些	（数）	xiē	some
19. 写	（动）	xiě	to write
20. 简单	（形）	jiǎndān	simple
21. 新	（形）	xīn	new

补 充 词 语

1. 期刊	（名）	qīkān	magazine; periodical
2. 精装本	（名）	jīngzhuāngběnr	hardback edition
3. 平装本	（名）	píngzhuāngběnr	paperback edition
4. 作者	（名）	zuòzhě	author
5. 译者	（名）	yìzhě	translator

6.	编者	（名）	biānzhě	editor; compiler
7.	工具书	（名）	gōngjùshū	reference book
8.	小说	（名）	xiǎoshuō	novel
9.	诗歌	（名）	shīgē	poetry
10.	散文	（名）	sǎnwén	prose
11.	戏剧	（名）	xìjù	drama
12.	作家	（名）	zuòjiā	writer
13.	参考书	（名）	cānkǎoshū	reference book
14.	古书	（名）	gǔshū	ancient book
15.	旧书	（名）	jiùshū	second-hand book
16.	线装书	（名）	xiànzhuāng shū	traditional bound book

十九、在 邮 局

句 子

181. 同志，往东京寄一封信，贴多少邮票？

Tóngzhì, wàng Dōngjīng jì yì fēng xìn, tiē duōshao yóupiào?

Comrade, what's the postage on a letter to Tokyo, please?

182. 你寄平信还是寄挂号信？

Nǐ jì píngxìn háishi jì guàhàoxìn?

Do you wish to send it as an ordinary or registered letter?

183. 我寄航空挂号信。

Wǒ jì hángkōng guàhàoxìn.

I want to send it by registered air mail.

184. 这封信超重两克，要贴一块四毛的邮票。

Zhè fēng xìn chāozhòng liǎng kè, yào tiē yí kuài sì máo de yóupiào.

It's two grams overweight,　　　the postage will be 1.4 yuan.

185. 到东京一般得几天？

Dào Dōngjīng yìbān děi jǐ tiān?

How long does it usually take to reach Tokyo?

186. 有的时候三、四天，有的时候一个多星期。

Yǒude shíhou sān-sì tiān, yǒude shíhou yí gè duō xīngqī.
Sometimes it takes only three or four days, but sometimes over a week.

187. 寄包裹是不是也在这儿？
Jì bāoguǒ shì-bushì yě zài zhèr?
Can I also send a parcel from here?

188. 寄包裹在四号窗口。
Jì bāoguǒ zài sì hàor chuāngkǒur.
Parcels are sent at the 4th window.

189. 那么，给我拿两套纪念邮票吧。
Nàme, gěi wǒ ná liǎng tào jìniàn yóupiào ba.
Then, give me two sets of commemorative stamps, please.

190. 你喜欢哪种，自己挑吧！
Ní xǐhuān nǎ zhǒng, zìjí tiāo ba!
Which do you prefer? Choose whichever you like.

替 换 练 习

1. 你寄平信还是寄〔挂号信〕？

| 航空信 |
| 航空挂号信 |

2. 到东京一般得〔几天〕？

| 多少天 |
| 多长时间 |
| 几个小时 |

3．有的时候〔三、四天〕，有的时候〔一个多星期〕。

四、五天 五、六天 六、七个人 八、九个人	半个多月 二十多天 十几个人 二十几个人

4．〔寄包裹〕是不是也在这儿？

寄信　寄钱　寄东西

5．你喜欢〔哪种〕？

中文吗　　北京吗 吃中餐吗　喝酒吗

会　　话

甲：同志，往东京寄一封信，贴多少邮票？

　　Tóngzhì, wàng Dōngjīng jì yì fēng xìn, tiē duōshao yóu-
　　piào?

乙：你寄平信还是寄挂号信？

　　Nǐ jì píngxìn háishi jì guàhàoxìn?

甲：我寄航空挂号信。

　　Wǒ jì hángkōng guàhàoxìn.

乙：好。

　　Hǎo.

甲：超重吗？

　　Chāozhòng ma?

114

乙：这封信超重两克，要贴一块四毛的邮票。
　　Zhè fēng xìn chāozhòng liǎng kè, yào tiē yí kuài sì máo
　　de yóupiào.

甲：请问，到东京一般得几天？
　　Qǐng wèn, dào Dōngjīng yìbān děi jǐ tiān?

乙：有的时候三、四天，有的时候一个多星期。
　　Yǒude shíhou sān-sì tiān, yǒude shíhou yí ge duō xīngqī.

甲：寄包裹是不是也在这儿？
　　Jì bāoguo shì-bushì yě zài zhèr?

乙：不，寄包裹在4号窗口。
　　Bù, jì bāoguo zài sì hàor chuāngkǒur.

甲：那么，请您给我拿两套纪念邮票吧。
　　Nàme, qǐng nín gěi wǒ ná liǎng tào jìniàn yóupiào ba.

乙：你喜欢哪种，自己挑吧。
　　Nǐ xǐhuan nǎ zhǒng, zìjǐ tiāo ba.

甲：同志，我要寄一封信。
　　Tóngzhì, wǒ yào jì yì fēng xìn.

乙：你往哪儿寄？
　　Nǐ wàng nǎr jì?

甲：巴黎。
　　Bālí.

乙：你寄平信还是寄挂号信？
　　Nǐ jì píngxìn háishi jì guàhàoxìn?

甲：我寄平信。
　　Wǒ jì píngxìn.

乙：寄航空信吗？
　　Jì hángkōngxìn ma?

甲：对。
　　Duì.

乙：贴七毛的邮票。

Tiē qī máo de yóupiào.

甲：请问，什么时候到巴黎？
　　Qǐng wèn, shénme shíhou dào Bālí?

乙：大概五天吧！
　　Dàgài wǔ tiān ba!

甲：我还要寄几本书。
　　Wǒ hái yào jì jǐ běnr shū.

乙：请到那边寄。
　　Qǐng dào nàbiānr jì.

生　　词

1.	邮局	（名）yóujú	post office
2.	东京	（专名）Dōngjīng	Tokyo
3.	寄	（动）jì	to post
4.	封	（量）fēng	(a measure word)
5.	信	（名）xìn	letter
6.	贴	（动）tiē	to put on
7.	平信	（名）píngxìn	ordinary letter
8.	挂号信	（名）guàhàoxìn	registered letter
9.	航空	（名）hángkōng	air mail
10.	超重	chāozhòng	overweight
11.	克	（量）kè	gram
12.	一般	（形）yìbān	general
13.	天	（量、名）tiān	day
14.	得	（助动）děi	need; should

116

15.	有的时候	yǒude shíhou	sometimes
16.	多	（形）duō	many
17.	包裹	（名）bāoguǒ	parcel
18.	窗口	（名）chuāngkǒur	window
19.	那么	nàme	then; in that case
20.	纪念	（名）jìniàn	commemoration
21.	喜欢	（动）xǐhuan	to like
22.	自己	（代）zìjǐ	oneself
23.	挑	（动）tiāo	to choose
24.	多长	duōcháng	how long
25.	时间	（名）shíjiān	time
26.	小时	（名）xiǎoshí	hour

补 充 词 语

1.	信箱	（名）xìnxiāng	letter box
2.	信纸	（名）xìnzhǐ	writing paper
3.	信封	（名）xìnfēng	envelope
4.	明信片	（名）míngxìnpiàn	post-card
5.	收件人	（名）shōujiànrén	addressee
6.	寄件人	（名）jìjiànrén	sender
7.	电报	（名）diànbào	telegram
8.	普通电报	pǔtōng diànbào	ordinary telegram
9.	加急电报	jiājí diànbào	urgent telegram

二十、在图书馆

句　子

191. 你在这儿借过书吗？
    Nǐ zài zhèr jièguo shū ma?
    Have you ever borrowed any books from here?

192. 前几天借过一本。我还想再借一本，可以吗？
    Qián jǐ tiān jièguo yì běnr.　Wǒ hái xiǎng zài jiè yì běnr, kěyi ma?
    I borrowed a book a few days ago.　Can I borrow another one?

193. 可以，你带借书证来了吗？
    Kěyi, nǐ dài jièshūzhèng lái le ma?
    Yes, you can.　Have you got any library cards with you?

194. 带来了。
    Dàilai le.
    Yes, I have.

195. 你要借什么书？
    Nǐ yào jiè shénme shū?
    What book do you want?

196. 我要借黄伯荣先生编的《现代汉语》。

Wǒ yào jiè Huáng Bóróng xiānsheng biān de «Xiàndài Hànyǔ».

I'd like to borrow a copy of *Modern Chinese* compiled by Mr. Huang Borong.

197. 那本书让人借走了，有胡裕树先生编的，行吗？

Nà běnr shū ràng rén jièzǒu le, yǒu Hú Yùshù xiānsheng biān de, xíng ma?

Sorry, the book is out. How about the one by Mr. Hu Yushu?

198. 好，那就借胡先生编的吧！

Hǎo, nà jiujiè Hú xiānsheng biān de ba!

O.K. then, I'll borrow the book by Mr. Hu.

199. 我可以借多长时间？

Wǒ kěyi jiè duōcháng shíjiān?

How long can I keep it?

200. 两个星期。到时间看不完可以来续借。

Liǎng ge xīngqī. Dào shíjiān kànbuwán kěyi lái xùjiè.

Two weeks. If you can't finish it in time you may come and renew it.

替 换 练 习

1. 你在这儿〔借〕过〔书〕吗？

看	电影
学	中文
买	东西

2．你带〔借书证〕来了吗？

汉英词典
美元
邮票

3．你要〔借〕什么书？

还
买

4．我要借〔黄伯荣先生编的《现代汉语》〕。

胡裕树先生编的《现代汉语》
巴金先生写的《家》
茅盾写的《子夜》

5．那本书〔让〕人借走了，有胡裕树先生编的，行吗？

叫
被
给

6．好，那就〔借胡先生编的〕吧！

借巴金的《家》
去上海旅行
进城去买

120

会　话

甲：你在这儿借过书吗？
　　Nǐ zài zhèr jièguo shū ma?

乙：前几天借过一本，没有还，我还想再借一本，可以吗？
　　Qián jǐ tiān jièguo yì běnr, méiyou huán, wǒ hái xiǎng
　　zài jiè yǐ běnr, kěyi ma?

甲：可以，你带借书证来了吗？
　　Kěyi, nǐ dài jièshūzhèng lái le ma?

乙：带来了。
　　Dàilái le.

甲：你要借什么书？
　　Nǐ yào jiè shénme shū?

乙：我要借黄伯荣先生编的《现代汉语》。
　　Wǒ yào jiè Huáng Bóróng xiānsheng biān de «Xiàndài
　　Hànyǔ».

甲：你等一下，我去拿。
　　Nǐ děng yixiàr, wǒ qù ná.

　　……

甲：对不起，那本书让人借走了，有胡裕树先生编的，行吗？
　　Duìbuqǐ, nà běn shū ràng rén jièzǒu le, yǒu Hú Yùshù
　　xiānsheng biān de, xíng ma?

乙：好，那就借胡先生编的吧。我可以借多长时间？
　　Hǎo, nà jiù jiè Hú xiānsheng biān de ba. Wǒ kěyǐ jiè
　　duōcháng shíjiān?

甲：两个星期，到时间看不完，可以来续借。
　　Liǎng ge xīngqī, dào shíjiān kànbuwán, kěyǐ lái xùjiè.

甲：同志，你还书吗？

Tóngzhì, nǐ huán shū ma?

乙：不，这本书还没有看完，我想续借一个星期。

Bù, zhè běnr shū hái méi kànwán, wǒ xiǎng xùjiè yí ge xīngqī.

甲：好，我给你办。

Hǎo, wǒ gěi nǐ bàn.

乙：谢谢。我还想借一本汉英词典。

Xièxie. Wǒ hái xiǎng jiè yì běnr Hàn-Yīng cídiǎn.

甲：对不起，词典不能借，只能在这儿看。

Duìbuqǐ, cídiǎn bù néng jiè, zhǐ néng zài zhèr kàn.

乙：没关系，那我借一本巴金的《家》吧。有法文的吗？中文的我还看不懂。

Méi guānxi, nà wǒ jiè yì běnr Bājīn de 《Jiā》ba. Yǒu Fǎwén de ma? Zhōngwén de wǒ hái kànbudǒng.

甲：有法文的，我去取。

Yǒu Fǎwén de, wǒ qù qǔ.

乙：谢谢，什么时候还？

Xièxie, shénme shíhou huán?

甲：十六号以前还。

Shíliù hào yǐqián huán.

生　词

1. 借　　（动）jiè　　　　　to borrow
2. 过　　（助）guo　　　　 (an aspectual particle)
3. 可以　（助动）kěyǐ　　　 can; may
4. 借书证（名）jièshūzhèng　library card

5. 带来　　（趋动）dài lái　　　　bring
6. 现代　　（名）xiàndài　　　　modern
7. 让　　　（介）ràng　　　　　by
8. 看不完　　　　kànbuwán　　　cannot finish reading (a book etc.)
9. 续借　　　　　xùjiè　　　　　to renew
10. 电影　　（名）diànyǐng　　　film
11. 学　　　（动）xué　　　　　to study
12. 还　　　（动）huán　　　　to return
13. 《子夜》（专名）《Zǐyè》　　　*Midnight*
14. 被　　　（介）bèi　　　　　by
15. 下（星期）（方位）xià(xīngqī)　　next week

补　充　词　语

1. 阅览室　（名）yuèlǎnshì　　reading room
2. 借书处　（名）jièshūchù　　issue desk
3. 书库　　（名）shūkù　　　stack
4. 开馆　　　　　kāi guǎn　　to open (of a library)
5. 闭馆　　　　　bì guǎn　　　to close (of a library)
6. 还书日期　　　huán shū rìqī　　due date
7. 全集　　（名）quánjí　　complete works
8. 选集　　（名）xuǎnjí　　selected works
9. 人民日报（专名）Rénmín Rìbào　　*People's Daily*

123

10. 北京周报（专名）Běijīng   *Beijing Review*
                    Zhōubào
11. 目录卡片   mùlù kǎpiàn catalogue card

二十一、在照相馆

句　子

201. 你看，那个窗子里面摆着彩色照片的，就是中国照相馆。

Nǐ kàn, nà ge chuāngzi lǐmian bǎizhe cǎisè zhàopiānr de, jiùshi Zhōngguó Zhàoxiàngguǎn.

Look, the place with colour graphs on display in the windows! That's the China Photo Studio.

202. 同志，我要冲洗胶卷儿。

Tóngzhì, wǒ yào chōngxǐ jiāojuǎnr.

Comrade, I want to have these films developed.

203. 什么胶卷儿？彩色的还是黑白的？

Shénme jiāojuǎnr? Cǎisè de háishi hēibái de?

What films? Colour or black-and-white?

204. 全是彩色的。两卷135，一卷120。

Quán shì cǎisè de. Liǎng juǎnr yāo-sān-wǔ, yì juǎnr yāo-èr-líng.

They are all colour films: two 135s and one 120.

205. 请给放大成四寸的，每个洗两张。

Qǐng gěi fàngdà chéng sì cùn de, měi ge xǐ liǎng zhāng.

I'd like these photographs enlarged to size 3×4, two prints off each.

206. 你看我照得怎么样？

Nǐ kàn wǒ zhàode zěnmeyàng?

How do you think I came out in this photo?

207. 你照得好极了，在你旁边站着的那个人是谁？

Nǐ zhàode hǎojíle, zài nǐ pángbiānr zhànzhe de nà ge rén shì shuí?

You came out very well. Who is the man standing beside you?

208. 是陪着我们参观的一位中国朋友，姓王。

Shì péizhe wǒmen cānguān de yí wèi Zhōngguó péngyou, xìng Wáng.

That's Wang, a Chinese friend who accompanied us during our tour.

209. 你说照得好，那就把这张照片再放大一张四寸的，送给这位王同志。

Nǐ shuō zhàode hǎo, nà jiù bǎ zhè zhāng zhàopiānr zài fàngdà yǐ zhāng sì cùn de, sònggěi zhè wèi Wáng tóngzhì.

You said this photo had come out well, so could you please do me a 3 × 4 enlargement? I would like to give it to Comrade Wang.

210. 我也想要一张，请让他放大两张吧。

Wǒ yě xiǎng yào yi zhāng, qǐng ràng tā fàngdà liǎng zhāng ba.

I'd like to have a copy too. Let's ask him to make two enlargements.

替 换 练 习

1. 你看，那个窗子里面〔摆着〕彩色照片的，就是中国照相馆。

挂着	放着

2. 我要〔冲洗胶卷儿〕。

照相	照半身相
洗两张照片	洗两张两寸的

3. 请给放大成〔四寸〕的，每个洗〔两张〕。

二寸	六寸
八寸	十二寸

四张	两张
三张	一张

4. 你看我〔照〕得怎么样？

写	说	唱

5. 你照得好极了，在你〔旁边站着〕的那个人是谁？

前边坐着	左边立着

127

6. 你说照得好，那就把这张照片再放大一张四寸的，〔送给〕
这位王同志。

寄给

7. 我也想要一张，请让他〔放大两张〕吧。

再放大一张	多放大一张
再洗一张	多洗一张

会　话

甲：劳驾，中国照相馆在哪儿？
　　Láojià, Zhōngguó Zhàoxiàngguǎn zài nǎr?

乙：你看，那个窗子里面摆着彩色照片的就是。
　　Nǐ kàn, nà ge chuāngzi lǐmian bǎizhe cǎisè zhàopiānr de
　　jiùshì.

甲：谢谢。
　　Xièxie.

乙：不客气。
　　Bú kèqi.
　　……

甲：同志，我要冲洗胶卷儿。
　　Tóngzhì, wǒ yào chōngxǐ jiāojuǎnr.

丙：什么胶卷儿？彩色的还是黑白的？
　　Shénme jiāojuǎnr?　Cǎisè de háishi hēibái de?

甲：全是彩色的：两卷儿135，一卷120。
　　Quán shì cǎisè de: liǎng juǎnr yāo-sān-wǔ, yǐ juǎnr yāo-
　　èr-líng.

128

丙：好，洗不洗？
Hǎo, xǐ-buxǐ?

甲：请给放大成四寸的，每个洗两张。
Qǐng gěi fàngdà chéng sì cùn de, měi ge xǐ liǎng zhāng.

丙：好。
Hǎo.

甲：什么时候来取？
Shénme shíhou lái qǔ?

丙：二十一号来取。
Èrshi yī hào lái qǔ.

甲：同志，我来取胶卷儿和照片。
Tóngzhì, wǒ lái qǔ jiāojuǎnr hé zhàopiānr.

乙：好，给您。
Hǎo, gěi nín.

甲：谢谢。安娜，你看我照得怎么样？
Xièxie. Annà, nǐ kàn wǒ zhàode zěnmeyàng?

丁：你照得好极了。在哪儿照的？
Nǐ zhàode hǎojíle. Zài nǎr zhào de?

甲：在颐和园。
Zài Yíhéyuán.

丁：在你旁边儿站着的那个人是谁？
Zài nǐ pángbiānr zhànzhe de nà ge rén shì shuí?

甲：是陪着我们参观的一位中国朋友，姓王。你说照得好，那就
把这张照片再放大一张，送给这位王同志。
Shì péizhe wǒmen cānguān de yí wèi Zhōngguó péngyou,
xìng Wáng. Nǐ shuō zhàode hǎo, nà jiù bǎ zhè zhāng
zhàopiānr zài fàngdà yì zhāng, sònggěi zhè wèi Wáng
tóngzhì.

丁：我也想要一张。
Wǒ yě xiǎng yào yì zhāng.

甲：那就让他再多放大一张。

Nà jiù ràng tā zài duō fàngdà yì zhāng.

丁：好，谢谢你。

Hǎo, xièxie nǐ.

生　词

1.	照相馆	（名）zhàoxiàng-guǎn	photographic studio
2.	摆着	bǎizhe	to put (on display)
3.	彩色	（名）cǎisè	colour
4.	照片	（名）zhàopiānr	photo
5.	冲洗	（动）chōngxǐ	to develop
6.	胶卷	（名）jiāojuǎnr	film
7.	黑白	（形）hēibái	black-and-white
8.	卷	（量）juǎnr	roll (a measure word)
9.	放大	（动）fàngdà	to enlarge
10.	寸	（量）cùn	inch (a measure word)
11.	洗（照片）	（动）xǐ(zhàopiānr)	to print (photographs)
12.	照	（动）zhào	to take (a photograph)
13.	好极了	hǎojíle	excellent
14.	旁边	（方位）pángbiānr	side
15.	站	（动）zhàn	to stand
16.	陪	（动）péi	to accompany
17.	送给	sònggěi	to present sth. as a gift
18.	放	（动）fàng	to place
19.	半身	（名）bànshēn	half-length (photograph)

20. 唱　　　　（动）chàng　　　　to sing

补 充 词 语

1. 照相机　　　（名）zhàoxiàngjī　　　camera
2. 底片　　　　（名）dǐpiàn　　　　　negative
3. 镜头　　　　（名）jìngtóu　　　　　lens
4. 快门　　　　（名）kuàiménr　　　　shutter
5. 感光　　　　（动）gǎnguāng　　　　to expose
6. 相册　　　　（名）xiàngcè　　　　　album
7. 相角　　　　（名）xiàngjiǎor　　　　angled photo fixer
8. 我的照相机坏了，　Wǒde zhàoxiàngjī　Something has
   你们这里能修吗？　huàile, nǐmen zhèli　gone wrong with
   　　　　　　　　　néng xiū ma?　　　my camera. Can
   　　　　　　　　　　　　　　　　　you fix it for me?

二十二、游览北京

句　子

211. 你来北京多久了？
Nǐ lái Běijīng duōjiǔ le?
How long have you been in Beijing?

212. 我来北京一个半月了。
Wǒ lái Běijīng yí gè bàn yuè le.
I've been in Beijing for six weeks.

213. 你以前来过北京吗？
Nǐ yǐqián láiguo Běijīng ma?
Have you been to Beijing before?

214. 没有，这是第一次来中国。
Méiyou, zhè shì dìyī cì lái Zhōngguó.
No,　This is the first time.

215. 你去过哪些地方？
Nǐ qùguo nǎxiē dìfang?
What places have you visited?

216. 我去过天安门、故宫和颐和园。
Wǒ qùguo Tiān'ānmén, Gùgōng hé Yíhéyuán.
I've been to Tian An Men, the Palace Museum and the Summer Palace.

217. 你到长城去玩儿过没有？

Nǐ dào Chángchéng qù wánrguo méiyou?

Have you ever visited the Great Wall?

218. 上星期日，我本来想去，因为下雨，没有去成。

Shàng-xīngqīrì, wǒ běnlái xiǎng qù, yīnwei xià yǔ, méiyou qùchéng.

I wanted to go there last Sunday, but I couldn't because it was raining.

219. 除了这些地方以外，北京还有哪些名胜古迹？

Chúle zhèxiē dìfang yǐwài, Běijīng hái yǒu nǎxiē míng-shèng gǔjī?

What other scenic spots and historical sites are there in Beijing besides these?

220. 香山、十三陵、西山、天坛、好玩儿的地方可多了。

Xiāngshān, Shísānlíng, Xīshān, Tiāntán, hǎowánr de dìfang kě duō le.

The Fragrant Hills, the Ming Tombs, the Western Hills, the Temple of Heaven, and many other beautiful places to visit.

替 换 练 习

1. 你〔来〕北京多久了？

在	到

2. 你以前来过〔北京〕吗？

上海	美国	日本	巴黎

3. 你到长城〔去〕〔玩儿〕过没有？

来	游览 玩儿 参观

4. 上星期日，我本来想去，因为〔下雨〕，没有去成。

有事 来了个客人 安娜来看我

5. 除了〔这些地方〕以外，北京还有哪些名胜古迹？

长城 香山 天坛 故宫

会　话

甲：你来北京多久了？
　　Nǐ lái Běijīng duōjiǔ le?

乙：我来北京一个半月了。
　　Wǒ lái Běijīng yí gè bàn yuè le.

甲：你以前来过北京吗？
　　Nǐ yǐqián láiguo Běijīng ma?

乙：没有，这是第一次来中国。
　　Méiyou, zhè shì dìyī cì lái Zhōngguó.

甲：你去过哪些地方？
　　Nǐ qùguo nǎxiē dìfang?

乙：我去过天安门、故宫和颐和园。
　　Wǒ qùguo Tiān'ānmén, Gùgōng hé Yíhéyuán.

甲：你到长城去玩儿过没有？
　　Nǐ dào Chángchéng qù wánrguo méiyou?

乙：上星期日，我本来想去，因为下雨，没有去成。
　　Shàng-xīngqīrì, wǒ běnlái xiǎng qù, yīnwei xià yǔ, méiyou
　　　　qùchéng.

甲：你以后去吧。
　　Nǐ yǐhòu qù ba.

乙：除了这些地方以外，北京还有哪些名胜古迹？
　　Chúle zhèxiē dìfang yǐwài, Běijīng hái yǒu nǎxiē míngshèng
　　gǔjī?

甲：香山、十三陵、西山、天坛……好玩儿的地方可多了。
　　Xiāngshān, Shísānlíng, Xīshān, Tiāntán ...... hǎowánr
　　de dìfang kě duō le.

甲：你以前来过中国吗？
　　Nǐ yǐqián láiguo Zhōngguó ma?

乙：没有。
　　Méiyou.

甲：你什么时候来中国的。
　　Nǐ shénme shíhou lái Zhōngguó de?

乙：七月。
　　Qīyuè.

甲：你去过北京哪些地方？
　　Nǐ qùguo Běijīng nǎxiē dìfang?

乙：我去过天安门。
　　Wǒ qùguo Tiān'ānmén.

甲：没到天坛去吗？
　　Méi dào Tiāntán qù ma?

乙：没有。
　　Méiyou.

甲：天坛可该去。
　　Tiāntán kě gāi qù.

乙：我以后一定去，因为我们现在学习很忙，没能去。
　　Wǒ yǐhòu yídìng qù, yīnwei wǒmen xiànzài xuéxí hěn máng,
　　méi néng qù.

甲：除了天坛以外，北京还有很多好玩儿的地方。

Chúle Tiāntán yǐwài, Běijīng hái yǒu hěn duō hǎowánr
de dìfang.

乙：以后你和我一起去玩儿玩儿，好吗？

Yǐhòu nǐ hé wǒ yìqǐ qù wánrwanr, hǎo ma?

甲：好。

Hǎo.

乙：谢谢你。

Xièxie ni.

甲：不用谢。

Búyòng xiè.

生　词

1. 游览　　（动）yóulǎn　　　to go sightseeing

2. （第一）次（量）(dìyī)cì　　(the first) time

3. 故宫　　（专名）Gùgōng　　the Palace Museum

4. 玩儿　　（动）wánr　　　to visit for pleasure

5. 上（星期日）（方位）shàng　　last (Sunday)
　　　　　　　　　　(xīngqīrì)

6. 本来　　（副）běnlái　　　originally

7. 因为　　（连）yīnwei　　　because

8. 下雨　　　　xià yǔ　　　to rain

9. 除了　　（介）chúle　　　besides; except

10. 名胜古迹　　míngshèng　　scenic spots and historical
　　　　　　　　gǔjī　　　　sites

11. 香山　　（专名）Xiāngshān　the Fragrant Hills

136

12. 十三陵	（专名）Shísānlíng	the Ming Tombs
13. 西山	（专名）Xīshān	the Western
14. 天坛	（专名）Tiāntán	the Temple of Heaven
15. 好玩儿	（形）hǎowánr	interesting; beautiful
16. 可	（副）kě	(an adverb used for emphasis)
17. 有事	yǒu shì	to be engaged
18. 客人	（名）kèren	guest

补 充 词 语

1. 中山公园	（专名）Zhōngshān Gōngyuán	Zhongshan Park
2. 劳动人民文化宫（专名）	Láodòng Rénmín Wénhuàgōng	the Working People's Cultural Palace
3. 首都体育馆（专名）	Shǒudū Tǐyùguǎn	the Capital Gymnasium
4. 八达岭	（专名）Bādálǐng	Badaling
5. 人民大会堂（专名）	Rénmín Dàhuìtáng	the Great Hall of the People
6. 这里风景美极了。	Zhèli fēngjǐng měijíle.	The scenery is most beautiful here.

二十三、看 电 视

句 子

221. 昨天晚上你干什么来着？

Zuótiān wǎnshang nǐ gàn shénme láizhe?

What did you do last night?

222. 昨天晚上我在安娜那儿谈天来着。

Zuótiān wǎnshang wǒ zài Annà nàr tántiānr láizhe.

I had a chat with Anna in her room last night.

223. 你看没看电视？

Nǐ kàn-meikàn diànshì?

Did you watch T.V.?

224. 没看，有什么好节目？

Méi kàn, yǒu shénme hǎo jiému?

No, I didn't. Were there any good programmes?

225. 昨天电视里有足球比赛。

Zuótiān diànshì li yǒu zúqiú bǐsài.

There was a football match on T.V. yesterday.

226. 哪个队对哪个队？

Nǎ ge duì duì nǎ ge duì?

Between which teams?

227. 中国青年队对国家队，踢得精彩极了。
Zhōngguó Qīngniánduì duì Guójiāduì, tīde jīngcǎi jíle.
Between the Chinese Youth team and the National team. It was excellent.

228. 谁赢了？
Shuí yíng le?
Who won the game?

229. 中国青年队，比分是三比二。
Zhōngguó Qīngniánduì, bǐfēn shì sān bǐ èr.
The Chinese Youth team, three two.

230. 要是以后再有足球比赛，请你叫我一声。
Yàoshì yǐhòu zài yǒu zúqiú bǐsài, qǐng nǐ jiào wǒ yìshēngr.
Please let me know if there're any football matches in future.

（二）替换练习

1. 〔昨天晚上〕你干什么来着？

昨天下午	前天上午	前天下午

2. 昨天晚上我在安娜那儿〔谈天〕来着。

看电视	谈话	听录音

3. 你看没看〔电视〕？

电影	足球比赛	篮球比赛	排球比赛

139

4．有什么〔好节目〕?

| 好电影　好电视 |

5．〔踢〕得〔精彩极了。〕

| 踢　打 | | 好极了。怎么样? |

6．谁〔赢〕了?

| 输 |

7．要是〔以后〕再有足球比赛，请你叫我一声。

| 明天　我们学校 |

会　　话

甲：昨天晚上你干什么来着?
Zuótiān wǎnshang nǐ gàn shénme láizhe?

乙：昨天晚上我在安娜那儿谈天来着。
Zuótiān wǎnshang wǒ zài Annà nàr tántiānr láizhe.

甲：你看没看电视?
Nǐ kàn-meikàn diànshì?

乙：没有。有什么好节目?
Méiyou. Yǒu shénme hǎo jiému?

甲：昨天电视里有足球比赛。
Zuótiān diànshì li yǒu zúqiú bǐsài.

乙：哪个队对哪个队?
Nǎ ge duì duì nǎ ge duì?

甲：中国青年队对国家队。
Zhōngguó Qīngniánduì duì Guójiāduì.

乙：踢得怎么样？
Tīde zěnmeyàng?

甲：踢得精彩极了。
Tīde jīngcǎi jíle.

乙：谁赢了？
Shuí yíng le?

甲：中国青年队。
Zhōngguó Qīngniánduì.

乙：比分是多少？
Bǐfēn shì duōshao?

甲：三比二。
Sān bǐ èr.

乙：要是以后再有足球比赛，请你叫我一声。
Yàoshi yǐhòu zài yǒu zúqiú bǐsài, qǐng nǐ jiào wǒ yì-
shēngr.

甲：好。
Hǎo.

甲：你喜欢看篮球比赛吗？
Nǐ xǐhuan kàn lánqiú bǐsài ma?

乙：喜欢，我就喜欢看篮球比赛。
Xǐhuan, wǒ jiù xǐhuan kàn lánqiúbǐsài.

甲：昨天晚上电视里有篮球比赛，你看了没有？
Zuótián wǎnshang diànshì li yǒu lánqiú bǐsài, nǐ kànle
méiyou?

乙：没有。
Méiyou.

甲：你怎么没看？
Nǐ zěnme méi kàn?

乙：我不知道电视里有。
Wǒ bù zhīdào diànshì li yǒu.

甲：你干什么来着？
Nǐ gàn shénme láizhe?

乙：我看书来着。哪个队对哪个队？
Wǒ kàn shū láizhe.　Nǎ ge duì duì nǎ ge duì?

甲：北京队对八一队。
Běijīngduì duì Bāyīduì.

乙：他们打得怎么样？
Tāmen dǎde zěnmeyàng?

甲：他们打得好极了。
Tāmen dǎde hǎojíle.

乙：要是明天再有，请告诉我一声。
Yàoshi míngtiān zài yǒu, qǐng gàosu wǒ yìshēngr.

甲：好。
Hǎo.

生　　　词

1.	电视	（名）diànshì	television
2.	干什么	gàn shénme	do what
3.	来着	（助）láizhe	(aspectual particle used to indicate an action that took place in the past.)
4.	谈天	tántiānr	to chat
5.	节目	（名）jiémù	programme
6.	足球	（名）zúqiú	football
7.	比赛	（动、名）bǐsài	to compete; match

8. 队	(名)	duì	team
9. 对	(动)	duì	to play against ; versus
10. 青年	(名)	qīngnián	youth
11. 国家	(名)	guójiā	state; nation
12. 踢	(动)	tī	to kick
13. 精彩	(形)	jīngcǎi	excellent
14. 赢	(动)	yíng	to win
15. 比分	(名)	bǐfēn	score
16. 要是	(连)	yàoshi	if
17. 谈话		tánhuà	to talk
18. 录音		lùyīn	recording
19. 篮球	(名)	lánqiú	basketball
20. 排球	(名)	páiqiú	volley-ball
21. 输	(动)	shū	to lose

补 充 词 语

1. 垒球	(名)	lěiqiú	baseball
2. 游泳	(动)	yóuyǒng	to swim
3. 滑冰		huá bīng	skating
4. 划船		huá chuán	boating ; rowing
5. 滑雪		huá xuě	skiing
6. 举重	(名)	jǔzhòng	weight lifting
7. 打太极拳		dǎ tàijíquán	to do *taijiquan*
8. 冠军	(名)	guànjūn	champion
9. 亚军	(名)	yàjūn	runner-up

二十四、看 京 剧

句 子

231. 你对中国的京剧感兴趣吗？

Nǐ duì Zhōngguó de Jīngjù gǎn xìngqu ma?

Are you interested in China's Peking opera?

232. 没看过，听说很有意思，这次来中国，我一定看看。

Méi kànguo, tīngshuō hěn yǒu yìsi, zhè cì lái Zhōngguó wǒ yídìng kànkan.

I've never seen it before. They say it's very interesting. I'll definitely. go and see one while in China this time.

233. 今天晚上学校组织我们去看京剧，你去吗？

Jīntian wǎnshang xuéxiào zǔzhī wǒmen qù kàn Jīngjù, nǐ qù ma?

This evening the institute has arranged for us to see a Peking opera. Would you like to go?

234. 那可太好了，是哪个剧团演的？演什么戏？

Nà kě tài hǎo le, shì nǎge jùtuán yǎn de? Yǎn shénme xì?

That's wonderful. Which troupe will perform? And which opera are they performing?

235. 中国京剧院三团演的，演的是《杨门女将》，地点在
人民剧场。

Zhōngguó Jīngjùyuàn Sāntuán yǎn de, yǎn de shì
《Yángmén Nǚjiàng》, dìdiǎn zài Rénmín Jùchǎng.

It's *The Women Generals of the Yang Family* by the
Third Peking Opera Troupe of China at the People's
Theatre.

236. 这出戏的内容是什么？你知道吗？

Zhè chū xì de nèiróng shì shénme? Nǐ zhīdao ma?

Do you know what the opera is about?

237. 听说是歌颂中国古代的一些女英雄。

Tīngshuō shi gēsòng Zhōngguó gǔdài de yìxiē nǚ
yīngxióng.

They say it is in praise of some heroines in ancient China.

238. 几点开演？

Jǐ diǎn kāiyǎn?

When will it start?

239. 七点开演，学校有车，六点一刻出发。

Qī diǎn kāiyǎn, xuéxiào yǒu chē, liù diǎn yí kè chūfā.

At seven. The school bus is leaving at 6:15.

240. 请大家记住开车时间，按时上车。

Qǐng dàjiā jìzhù kāichē shíjiān, ànshí shàng chē.

Please remember the time of departure, everyone, and
come on time.

替 换 练 习

1. 你对〔中国的京剧〕感兴趣吗？

音乐　足球　旅行

2．听说〔　　〕很有意思。

> 那本小说　　这个电影

3．学校组织我们〔去看京剧〕，你去吗？

> 看电影　　去旅行　　去长城　　游览北京

4．〔这出戏〕的内容是什么？

> 这本书　　这个电影　　这本杂志

5．六点一刻〔出发〕。

> 动身
> 去
> 走

会　　话

甲：你对中国的京剧感兴趣吗？
　　Nǐ duì Zhōngguó de Jīngjù gǎn xìngqù ma?

乙：没看过，听说很有意思。这次来中国，我一定看看。
　　Méi kànguo, tīngshuō hěn yǒu yìsi. Zhè cì lái Zhōngguó,
　　wǒ yídìng kànkan.

甲：今天晚上学校组织我们去看京剧，你去吗？
　　Jīntián wǎnshang xuéxiào zǔzhī wǒmen qù kàn Jīngjù,
　　nǐ qù ma?

乙：那可太好了。是哪个剧团演的？演什么戏？
　　Nà kě tài hǎole. Shì nǎge jùtuán yǎn de? Yǎn shén-
　　me xì?

146

甲：《杨门女将》，中国京剧院三团演的。

Yángmén Nǚjiàng», Zhōngguó Jīngjùyuàn Sāntuán yǎnde.

乙：在哪儿演？

Zài nǎr yǎn?

甲：在人民剧场。

Zài Rénmín Jùchǎng.

乙：这出戏的内容你知道吗？

Zhè chū xì de nèiróng nǐ zhīdao ma?

甲：听说是歌颂中国古代的一些女英雄。

Tīngshuō shì gēsòng Zhōngguó gǔdài de yìxiē nǚ yīngxiong.

乙：几点开演？

Jǐ diǎn kāiyǎn?

甲：七点。学校有车，六点一刻出发。

Qī diǎn. Xuéxiào yǒu chē, liù diǎn yí kè chūfā.

乙：好，我一定按时上车。

Hǎo, wǒ yídìng ànshí shàng chē.

甲：你也看京剧来了？

Nǐ yě kàn Jīngjù lai le?

乙：是啊。

Shì a.

甲：怎么在车上没有看见你？

Zěnme zài chēshang méiyou kànjian ni?

乙：我是自己坐车来的，没有坐学校的车。

Wǒ shì zìjǐ zuò chē lái de, méiyou zuò xuéxiào de chē.

甲：你怎么没坐学校的车？

Nǐ zěnme méi zuò xuéxiào de chē?

乙：我下午不在学校，到故宫去了。我是从故宫到这儿来的。

Wǒ xiàwǔ bú zài xuéxiào, dào Gùgōng qùle. Wǒ shì cóng Gùgōng dào zhèr lái de.

甲：你以前看过京剧吗？
　　Nǐ yǐqián kànguo Jīngjù ma?

乙：在巴黎看过。
　　Zài Bālí kànguo.

甲：你这次到中国来看过吗？
　　Nǐ zhè cì dào Zhōngguó lái kànguo ma?

乙：没有，今天是第一次。你呢？
　　Méiyou, jīntiān shì dìyī cì.　Nǐ ne?

甲：我也是第一次。
　　Wǒ yě shì dìyī cì.

生　　词

1. 京剧	（名）	Jīngjù	Peking opera
2. 感兴趣		gǎn xìngqu	to be interested in
3. 听说		tīngshuō	It is said that . . ; they say . .
4. 有意思		yǒu yìsi	interesting
5. 一定	（副）	yídìng	definitely; certainly
6. 学校	（名）	xuéxiào	school (a general term)
7. 组织	（动）	zǔzhī	to organize
8. 演	（动）	yǎn	to perform; to act
9. 戏	（名）	xì	play; drama; opera
10. 京剧院	（专名）	Jīngjùyuàn	Beijing Opera Company
11. （三）团	（名）	(sān)tuán	(3rd) troupe
12. 地点	（名）	dìdiǎn	place
13. 《杨门女将》		《Yángmén Nǚjiàng》	Women Generals of the Yang Family

148

14. 出	（量）chū	(a measure word)
15. 内容	（名）nèiróng	content
16. 歌颂	（动）gēsòng	to eulogize; to praise
17. 古代	（名）gǔdài	ancient times
18. 女	（名）nǚ	female
19. 英雄	（名）yīngxióng	hero; heroine
20. 开演	（动）kāiyǎn	to start (a performance)
21. 出发	（动）chūfā	to set out
22. 记住	jìzhù	to remember
23. 开车	kāi chē	to leave ; depart (of a bus or train etc.)
24. 按时	ànshí	on time
25. 音乐	（名）yīnyuè	music

补 充 词 语

1. 话剧	（名）huàjù	(stage) play
2. 舞蹈	（名）wǔdǎo	dance
3. 悲剧	（名）bēijù	tragedy
4. 喜剧	（名）xǐjù	comedy
5. 歌剧	（名）gējù	opera
6. 杂技	（名）zájì	acrobatics
7. 木偶戏	（名）mù'ǒuxì	puppet show
8. 演员	（名）yǎnyuán	actor; actress
9. 导演	（名）dǎoyǎn	director
10. 乐队	（名）yuèduì	band
11. 布景	（名）bùjǐng	scenery; setting

149

12. 独唱　（名、动）dúchàng　　solo
13. 合唱　（名、动）héchàng　　chorus

二十五、看 电 影

句 子

241. 你在作什么呢?
Nǐ zài zuò shénme ne?
What are you doing ?

242. 我在听音乐呢。
Wǒ zài tīng yīnyuè ne.
I'm listening to music.

243. 附近电影院演一部新电影，你看不看?
Fùjìn diànyǐngyuàn yǎn yí bù xīn diànyǐng, nǐ kàn-bukàn?
A new film is showing in a nearby cinema. Would
   you like to see it?

244. 什么片子?
Shénme piānzi?
Which film is it?

245. 《从奴隶到将军》，彩色故事片。
«Cóng Núlì dào Jiāngjūn», cǎisè gùshipiānr.
It's From Slave to General, a colour feature film.

246. 看，快去买票吧!
Kàn, kuài qù mǎi piào ba!
I'd like to see it.   Go and get the tickets at once!

247. 我已经买来了，座位很不错，楼下15排2、4、6号。

Wǒ yǐjing mǎilai le, zuòwei hěn búcuò, lóuxia shíwǔ
pái èr, sì, liù hào.

I've already got the tickets. They are good ones: the stalls
15th row, seats 2,4 and 6.

248. 差十分钟就要开演了。

Chà shí fēnzhōng jiù yào kāiyǎn le.

The film will begin in ten minutes.

249. 我要回宿舍取眼镜。

Wǒ yào huí sùshè qǔ yǎnjìngr.

I'm going to my room to fetch my spectacles.

250. 我们等你，越快越好。

Wǒmen děng nǐ, yuè kuài yuè hǎo.

We'll wait for you, the quicker the better.

替 换 练 习

1. 〔我〕在〔听音乐〕呢。

他	我朋友
张老师	他们

写信	看电视
看报	喝茶

2. 我已经〔买来〕了。

洗完	看完	去过

3. 就要〔开演〕了。

下雨	走	上课	下课	写完

4．我要回〔宿舍〕取〔眼镜〕。

| 家　学校 | 件衣服　本书 |

5．越〔快〕越〔好〕。

| 多　看 | 好　喜欢看 |

会　话

甲：你在作什么呢？
　　Nǐ zài zuò shénme ne?

乙：我在听音乐呢。
　　Wǒ zài tīng yīnyuè ne.

甲：附近电影院演一部新电影，你看不看？
　　Fùjìn diànyǐngyuàn yǎn yí bù xīn diànyǐng, nǐ kàn-bukàn?

乙：什么片子？
　　Shénme piānzi?

甲：《从奴隶到将军》，彩色故事片。
　　《Cóng Núlì dào Jiāngjūn》, cǎisè gùshipiānr.

乙：看，快去买票。
　　Kàn, kuài qù mǎi piào.

甲：我已经买来了，座位很不错，楼下15排2、4、6号。
　　Wǒ yǐjing mǎilai le, zuòwei hěn búcuò, lóuxià shíwǔ pái
　　èr, sì, liù hào.

乙：什么时候开演？
　　Shénme shíhou kāiyǎn?

甲：差十分钟就要开演了。
　　Chà shí fēnzhōng jiù yào kāiyǎn le.

153

乙：我要回宿舍取眼镜。
　　Wǒ yào huí sùshè qǔ yǎnjìngr.

甲：快，我们等你，越快越好。
　　Kuài, wǒmen děng nǐ, yuè kuài yuè hǎo.

甲：约翰在作什么呢？
　　Yuēhàn zài zuò shénme ne?

乙：他在看书呢。
　　Tā zài kàn shū ne.

甲：五道口电影院现在演彩色故事片《小花》，你看不看？
　　Wǔdàokǒu Diànyǐngyuàn xiànzài yǎn cǎisè gùshìpiānr
　　《Xiǎohuā》, nǐ kàn-bukàn?

乙：有意思吗？
　　Yǒu yìsi ma?

甲：听说很有意思。
　　Tīngshuō hěn yǒu yìsi.

乙：你买票了吗？
　　Nǐ mǎi piào le ma?

甲：我已经买了三张。
　　Wǒ yǐjing mǎile sān zhāng.

乙：好，我去找他。
　　Hǎo, wǒ qù zhǎo tā.

甲：快，就要开演了，你得快一点。
　　Kuài, jiù yào kāiyǎn le, nǐ děi kuài yìdiǎnr.

生　　词

1. 附近　　（名）fùjìn　　　nearby
2. 片子　　（名）piānzi　　　film

3. 故事片	（名）gùshipiānr	feature film
4. 已经	（副）yǐjing	already
5. 座位	（名）zuòwèi	seat
6. 不错	（形）búcuò	good
7. 排	（量）pái	row
8. 眼镜	（名）yǎnjìngr	spectacles
9. 越…越…	（副）yuè…yuè…	the more…the more
10. 课	（名）kè	lesson; text
11. 下课	xià kè	to finish class

补 充 词 语

1. 银幕	（名）yínmù	screen
2. 纪录片	（名）jìlùpiānr	documentary film
3. 动画片	（名）dònghuà piānr	cartoon
4. 科教片	（名）kējiàopiānr	scientific and educational film
5. 黑白片	（名）hēibáipiānr	black-and-white film
6. 彩色片	（名）cǎisèpiānr	colour film
7. 翻译片	（名）fānyìpiānr	dubbed film
8. 编剧	biānjù	script writer
9. 宽银幕	（名）kuānyínmù	wide-screen

二十六、去外地旅行

句　子

251. 时间过得真快，学习马上就要结束了。
Shíjiān guòde zhēn kuài, xuéxí mǎshàng jiù yào jiéshù le.
How time flies! The course is coming to an end.

252. 今年夏天你打算去外地旅行吗？
Jīnnián xiàtiān nǐ dǎsuàn qù wàidì lǚxíng ma?
Are you going to visit any places outside Beijing this summer?

253. 你是不是跟学校旅行团一起去？
Nǐ shì-bushì gēn xuéxiào lǚxíngtuán yìqǐ qù?
Are you going to go on the school trip?

254. 不，我自己去。
Bù, wǒ zìjǐ qù.
No, I'm going on my own.

255. 你办了旅行手续没有？
Nǐ bàn le lǚxíng shǒuxù méiyou?
Have you gone through all the formalities for your trip?

256. 你必须填一张"订票单"。
　　Nǐ bìxū tián yì zhāng "dìng piào dān".
　　You've got to fill in the "Ticket Booking Form".

257. 你的旅行路线是什么？
　　Nǐde lǔxíng lùxiàn shì shénme?
　　What's your itinerary?

258. 我准备从北京出发，经过南京、上海、到杭州。
　　Wǒ zhǔnbèi cóng Běijīng chūfā, jīngguò Nánjīng,
　　Shànghǎi, dào Hángzhōu.
　　I'll be leaving Beijing for Hangzhou passing through
　　Nanjing and Shanghai.

259. 这次旅行需要多少天？
　　Zhè cì lǔxíng xūyào duōshao tiān?
　　How many days will this trip take?

260. 大约需要一个半月。
　　Dàyuē xūyào yí gè bàn yuè.
　　It'll take about six weeks.

替　换　练　习

1. 时间过得真快，〔学习〕马上就要结束了。

假期　工作　旅行

2. 〔今年夏天〕你打算去外地旅行吗？

今年秋天　今年冬天　今年春天　假期

3．你是不是跟〔学校旅行团〕一起去?

| 他们 | 安娜 | 法国同学 |

4．你办了〔旅行手续〕没有?

| 签证 | 护照 |

5．我准备从北京出发，经过〔南京、上海〕到〔杭州〕。

| 武汉 | 洛阳 | 莫斯科 |

| 桂林 | 重庆 | 巴黎 |

6．大约需要〔一个半月〕。

| 一个多月 | 十天左右 |

会　话

甲：时间过得真快，学习马上就要结束了。
Shíjiān guòde zhēn kuài, xuéxí mǎshàng jiù yào jiéshù le.

乙：今年夏天，你打算去外地旅行吗?
Jīnnián xiàtiān, nǐ dǎsuàn qù wàidì lǚxíng ma?

甲：是的。
Shì de.

乙：你是不是跟学校旅行团一起去?
Nǐ shì-bushì gēn xuéxiào lǚxíngtuán yìqǐ qù?

甲：不，我自己去。
Bù, wǒ zìjǐ qù.

乙：你办了旅行手续没有?
Nǐ bànle lǚxíng shǒuxù méiyou?

甲：没有。
Méiyou.

158

乙：你必须填一张"订票单。"
　　Nǐ bìxū tián yì zhāng "dìngpiàodān".

甲：好的。
　　Hǎode.

乙：你的旅行路线是什么？
　　Nǐde lǚxíng lùxiàn shǐ shénme?

甲：我准备从北京出发，经过南京、上海，到杭州。
　　Wǒ zhǔnbèi cóng Běijīng chūfā, jīngguò Nánjīng, Shànghǎi,
　　dào Hángzhōu.

乙：这次旅行需要多少天？
　　Zhè cì lǚxíng xūyào duōshao tiān?

甲：大约需要一个半月。
　　Dàyuē xūyào yí gè bàn yuè.

甲：假期马上就要到了。
　　Jiàqī mǎshàng jiù yào dào le.

乙：是的，时间过得真快。
　　Shì de, shíjiān guòde zhēn kuài.

甲：今年假期你打算作什么？
　　Jīnnián jiàqī nǐ dǎsuàn zuò shénme?

乙：今年假期我打算去旅行。
　　Jīnnián jiàqī wǒ dǎsuàn qù lǚxíng.

甲：你自己去吗？
　　Nǐ zìjǐ qù ma?

乙：不，跟安娜一起去，你呢？
　　Bù, gēn Ānnà yìqǐ qù, nǐ ne?

甲：我打算自己去。
　　Wǒ dǎsuàn zìjǐ qù.

乙：你去什么地方？
　　Nǐ qù shénme dìfang?

甲：我想从巴黎出发，经过莫斯科，到北京。
Wǒ xiǎng cóng Bālí chūfā, jīngguò Mòsīkē, dào Běijīng.

乙：你办了旅行手续没有？
Nǐ bànle lǚxíng shǒuxù méiyou?

甲：办了。
Bànle.

乙：你打算什么时候动身？
Nǐ dǎsuàn shénme shíhou dòngshēn?

甲：七月十号。
Qīyuè shí hào.

生　词

1. 快	（形）	kuài	quick
2. 马上	（副）	mǎshàng	at once; soon
3. 结束	（动）	jiéshù	to finish
4. 外地	（名）	wàidì	a place outside where one is
5. 跟…一起		gēn…yìqǐ	together
6. 旅行团	（名）	lǚxíngtuán	tourist party; travel group
7. 办	（动）	bàn	to go through; to do
8. 手续	（名）	shǒuxu	formalities
9. 必须	（助动）	bìxū	must; ought
10. 外国人	（名）	wàiguórén	foreigner
11. 申请表	（名）	shēnqǐngbiǎo	application form
12. 路线	（名）	lùxiàn	itinerary
13. 经过	（动）	jīngguò	to go through; via
14. 假期	（名）	jiàqī	vacation; holiday

15. 秋天	（名）qiūtiān	autumn
16. 冬天	（名）dōngtiān	winter
17. 春天	（名）chūntiān	spring
18. 签证	（名）qiānzhèng	visa
19. 护照	（名）hùzhào	passport

补 充 词 语

1. 外国留学生入学登记表	wàiguó liúxuéshēng rùxué dēngjìbiǎo	foreign students admission form
2. 外国人居留申请表	wàiguórén jūliú shēnqǐngbiǎo	foreigner's application form for residence
3. 姓名	（名）xìngmíng	surname and name
4. 性别	（名）xìngbié	sex
5. 国籍	（名）guójí	nationality
6. 出生日期	chūshēng rìqī	date of birth
7. 出生地点	chūshēng dìdiǎn	place of birth
8. 现在住址	xiànzài zhùzhǐ	present address
9. 护照号码	hùzhào hàomǎ	passport number
10. 旅行地点	lǚxíng dìdiǎn	place (s) to be visited

161

11. 经过地点		jīngguò dìdiǎn	via ; by way of
12. 偕行人	（名）	xiéxíngrén	travelling partner
13. 申请人	（名）	shēnqǐngrén	applicant

二十七、买 火 车 票

句   子

261. 请问，去上海坐哪趟车合适？
Qǐng wèn, qù Shànghǎi zuò nǎ tàng chē héshì?
Which train do I take for Shanghai, please?

262. 您坐13次特快比较合适。
Nín zuò shísān cì tèkuài bǐjiào héshì.
The No. 13 express is best.

263. 为什么？
Wèi shénme?
Why?

264. 这趟车不但速度快，而且离开北京、到达上海都是
白天。
Zhè tàng chē búdàn sùdu kuài, érqiě líkāi Běijīng, dàodá
Shànghǎi dōu shì báitiān.
Well, it is not only faster, but leaves Beijing and reaches
Shanghai in the daytime.

265. 车票要预先订购，还是当天买？
Chēpiào yào yùxiān dìnggòu, háishì dàngtiān mǎi?
Should I book the ticket beforehand or can I get it on
the day of departure?

266.都可以。

Dōu kěyǐ.

Either will do.

267.买一张8号到上海的软卧票。

Mǎi yì zhāng bā hào dào Shànghǎi de ruǎnwò piào.

A soft sleeper for Shanghai on the eighth, please.

268.票的有效期是几天？

Piào de yǒuxiàoqī shì jǐ tiān?

For how long is the ticket valid?

269.我在南京停留一天，可以吗？

Wǒ zài Nánjīng tíngliú yì tiān, kěyǐ ma?

Is it possible for me to make a stop-over in Nanjing for one day?

270.可以，你在南京站要签字。

Kěyǐ, nǐ zài Nánjīngzhàn yào qiānzì.

Yes, it is. But you have to get the ticket signed at Nanjing Station.

替 换 练 习

1. 请问，去上海坐〔哪趟车合适〕？

哪次车合适　哪趟班机好

2. 这趟车不但速度快，而且离开北京、到达上海都是〔白天〕。

黑夜　上午　下午

3. 车票要〔预先订购〕，还是当天买？

预订　前几天买

4．买一张8号到上海的〔软卧票〕。

硬卧票　硬席票　软席票

5．我在南京〔停留〕一天，可以吗？

住　呆

会　话

甲：请问，去上海坐哪趟车合适？
　　Qǐng wèn, qù Shànghǎi zuò nǎ tàng chē héshì?

乙：您坐13次特快比较合适。
　　Nín zuò shísān cì tèkuài bǐjiào héshì.

甲：为什么？
　　Wèi shénme?

乙：这趟车不但速度快，而且离开北京、到达上海都是白天。
　　Zhè tàng chē búdàn sùdu kuài, érqiě líkāi Běijīng, dàodá
　　　Shànghǎi dōu shì báitiān.

甲：车票要预先订购，还是当天买？
　　Chēpiào yào yùxiān dìnggòu, háishi dàngtiān mǎi?

乙：都可以。
　　Dōu kěyǐ.

甲：我买一张8号到上海的软卧票，多少钱？
　　Wǒ mǎi yì zhāng bā hào dào Shànghǎi de ruǎnwò piào,
　　　duōshao qián?

乙：六十五块九毛。
　　Liùshí wǔ kuài jiǔ máo.

甲：票的有效期是几天？
　　Piào de yǒuxiàoqī shì jǐ tiān?

乙：五天。
Wǔ tiān.

甲：我在南京停留一天，可以吗？
Wǒ zài Nánjīng tíngliú yì tiān, kěyǐ ma?

乙：可以，你在南京站要签字。
Kěyǐ, nǐ zài Nánjīng zhàn yào qiānzì.

甲：谢谢，再见。
Xièxie, zàijiàn.

乙：再见。
Zàijiàn.

甲：劳驾，我要买一张火车票。
Láojià, wǒ yào mǎi yì zhāng huǒchē piào.

乙：您到哪儿去？
Nín dào nǎr qù?

甲：我去武汉。
Wǒ qù Wǔhàn.

乙：您买哪次车？
Nín mǎi nǎ cì chē?

甲：我坐哪趟车合适呢？
Wǒ zuò nǎ tàng chē héshì ne?

乙：您坐137次快车吧。
Nín zuò yìbǎi sānshi qī cì kuàichē ba.

甲：有没有特快？
Yǒu-meiyǒu tèkuài?

乙：没有。
Méiyou.

甲：好吧。
Hǎo ba.

乙：您买几号的？
Nín mǎi jǐ hào de?

甲：我买一张12号的硬卧票。
　　Wǒ mǎi yì zhāng shí'èr hào de yìngwò piào.

乙：好，三十四块五。
　　Hǎo, sānshi sì kuài wǔ.

甲：请问，这趟车几点开？
　　Qǐng wèn, zhè tàng chē jǐ diǎn kāi?

乙：下午六点十九分。
　　Xiàwǔ liù diǎn shí jiǔ fēn.

甲：到达武汉是什么时候？
　　Dàodá Wǔhàn shì shénme shíhou?

乙：第二天下午两点三十四。
　　Dì'èr tiān xiàwǔ liǎng diǎn sānshi sì.

甲：经过天津吗？
　　Jīngguò Tiānjīn ma?

乙：不，经过郑州。
　　Bù, jīngguò Zhèngzhōu.

甲：好，谢谢。
　　Hǎo, xièxie.

乙：不客气。
　　Bú kèqi.

生　　词

1. 趟　　　（量）tàng　　　　（a measure word）
2. 特快　　（名）tèkuài　　　special express
3. 为什么　　　 wèi shénme　why
4. 不但…　　　　 búdàn…　　not only…but also…
　　而且…　（连）érqiě…

5. 速度	（名）	sùdu	speed
6. 离开		líkāi	to leave
7. 到达	（动）	dàodá	to reach
8. 白天	（名）	báitiān	daytime
9. 预先	（副）	yùxiān	beforehand
10. 订购	（动）	dìnggòu	to book (tickets)
11. 当天	（名）	dàngtiān	the same day
12. 软卧	（名）	ruǎnwò	soft berth；soft sleeper
13. 有效期	（名）	yǒuxiàoqī	term of validity
14. 停留	（动）	tíngliú	to stop
15. 签字	（动）	qiānzì	to sign
16. 黑夜	（名）	hēiyè	night
17. 硬卧	（名）	yìngwò	hard berth；hard sleeper
18. 硬席	（名）	yìngxí	hard seat
19. 软席	（名）	ruǎnxí	soft seat

补 充 词 语

1. 票价	（名）	piàojià	ticket price
2. 站台	（名）	zhàntái	platform
3. 列车员	（名）	lièchēyuán	conductor；guard
4. 列车长	（名）	lièchēzhǎng	head of a train crew
5. 车厢	（名）	chēxiāng	carriage
6. 餐车	（名）	cānchē	dining car
7. 火车站	（名）	huǒchēzhàn	railway station
8. 旅客	（名）	lǚkè	passenger
9. 出站	（动）	chūzhàn	to leave the station

10. 进站　　　　（动）jìnzhàn　　　to come onto the platform
11. 检票口　　　（名）jiǎnpiàokǒur barrier
12. 上铺　　　　（名）shàngpù　　　upper berth
13. 下铺　　　　（名）xiàpù　　　　lower berth
14. 中铺　　　　（名）zhōngpù　　　middle berth

二十八、谈学习收获

句　　子

271. 你们这次在中国，汉语学得怎么样？ 收获不小吧？

Nǐmen zhè cì zài Zhōngguó, Hànyǔ xuédezěnmeyàng?
Shōuhuò bù xiǎo ba?

How did you get along with your Chinese studies during
your stay in China? Did you make much progress?

272. 收获很大，我在这儿的时间虽然很短，但是学到不
少东西。

Shōuhuò hěn dà, wǒ zài zhèr de shíjiān suīrán hěn duǎn,
dànshì xuédào bù shǎo dōngxi.

It'was most rewarding. Short as my stay was, I learn-
ed a lot.

273. 你刚来的时候，连一句中国话也不会说。

Nǐ gāng lái de shíhou, lián yí jù Zhōngguóhuà yě bú
huì shuō.

When you first came here, you couldn't speak a single
word of Chinese.

274. 现在我不仅能听能说，还能看一些简单的中文书。

Xiànzài wǒ bùjǐn néng tīng néng shuō, hái néng kàn yìxiē
jiǎndānde Zhōngwén shū.

Now I'm not only able to understand and chat with the
Chinese native speakers, but I'm also able to read
easy Chinese books.

275. 你的汉语水平提高得很快，能看《人民日报》了吧?

Nǐ de Hànyǔ shuǐpíng tígāode hěn kuài, néng kàn
《Rénmín Rìbào》 le ba?

You've made a lot of progress in Chinese. You are
able to read the *People's Daily* now, I suppose?

276. 我只能看一般的消息，论文还看不懂。

Wǒ zhǐ néng kàn yìbānde xiāoxi, lùnwén hái kànbudǒng.

I can read some not-too-difficult news items now, but
not articles.

277. 我在中国期间，还参观游览了很多名胜古迹，认识
了不少中国朋友。

Wǒ zài Zhōngguó qījiān, hái cānguān yóulǎnle hěn duō
míngshèng gǔjī, rènshile bù shǎo Zhōngguó péngyou.

Besides, during my stay in China, I've visited many
scenic spots and historical sites, and made a lot of
Chinese friends.

278. 我们在一起的时间不长，可是却结下了深厚的友
谊。

Wǒmen zài yìqǐ de shíjiān bù cháng, kěshǐ què jiéxiale
shēnhòude yǒuyì.

Although our acquaintance has been short, we've
established a deep friendship.

279. 我非常感谢老师和中国朋友们对我的帮助。

Wǒ fēicháng gǎnxiè lǎoshī hé Zhōngguó péngyoumen
duì wǒ de bāngzhù.

I'm very grateful to my Chinese teachers and friends
for their help.

280. 这是我们应该作的。

Zhè shǐ wǒmen yīnggāi zuò de.

It's our pleasure.

替 换 练 习

1. 你们这次在中国，〔汉语学〕得怎么样？收获〔不小〕吧？

旅行	不少
玩儿	很多

2. 我在这儿的时间虽然〔很短〕，但是学到不少东西。

不长 只有六个星期

3. 你刚来的时候，连〔一句中国话〕也〔不会说〕。

一个汉字	不认识
一句中文	听不懂

4. 你的〔汉语水平〕提高得很快，能〔看《人民日报》〕了吧？

阅读能力	看小说
写作水平	写一般文章

5. 我在〔中国〕期间，还参观游览了很多名胜古迹，认识了不少中国朋友。

学习 工作

6. 我非常感谢老师和中国朋友们对我的〔帮助〕。

关怀 招待 照顾

172

会　　话

甲：六个星期的汉语学习马上就要结束了。
Liù ge xīngqī de Hànyǔ xuéxí mǎshàng jiùyào jiéshù le.

乙：是啊，时间过得真快啊。你们这次在中国，汉语学得怎么样？收获不小吧？
Shì a, shíjiān guòde zhēn kuài a. Nǐmen zhè cì zài Zhōngguó, Hànyǔ xuéde zěnmeyàng? Shōuhuò bù xiǎo ba?

甲：收获很大，我在这儿的时间虽然很短，但是学到不少东西。
Shōuhuò hěn dà, wǒ zài zhèr de shíjiān suīrán hěn duǎn, dànshi xuédào bù shǎo dōngxi.

乙：你刚来的时候，连一句中国话也不会说。
Nǐ gāng lái de shíhou, lián yí jù Zhōngguóhuà yě bú huì shuō.

甲：是啊，现在我不仅能听能说，还能看一些简单的东西。
Shì a, xiànzài wǒ bùjǐn néng tīng néng shuō, hái néng kàn yìxiē jiǎndānde dōngxi.

乙：你能不能看《人民日报》？
Nǐ néng-bunéng kàn 《Rénmín Rìbào》？

甲：《人民日报》，我只能看一般的消息，论文还看不懂。
《Rénmín Rìbào》, wǒ zhǐ néng kàn yìbānde xiāoxi, lùnwén hái kànbudǒng.

乙：你的汉语水平提高得很快。你在中国期间，除了学习，还干了些什么？
Nǐde Hànyǔ shuǐpíng tígāode hěn kuài. Nǐ zài Zhōngguó qījiān, chúle xuéxí, hái gànle xiē shénme?

甲：我还参观游览了很多名胜古迹。
　　Wǒ hái cānguān yóulǎnle hěn duō míngshèng gǔjī.

甲：你这次在中国，认识不少中国朋友吧？
　　Nǐ zhè cì zài Zhōngguó, rènshi bù shǎo Zhōngguó péngyou
　　ba?

乙：是的，我认识了不少中国朋友。有教我的老师，还有在旅行
　　的时候认识的中国朋友。我们在一起的时间不长，可是却结
　　下了深厚的友谊。你呢？
　　Shì de, wǒ rènshile bù shǎo Zhōngguó péngyou. Yǒu
　　jiāo wǒ de lǎoshī, hái yǒu zài lǚxíng de shíhou rènshi
　　de Zhōngguó péngyou. Wǒmen zài yìqǐ de shíjiān bù
　　cháng, kěshi què jiéxiale shēnhòude yǒuyì. Nǐ ne?

甲：我也认识了不少中国朋友，我非常感谢他们对我的帮助和照
　　顾。
　　Wǒ yě rènshile bù shǎo Zhōngguó péngyou, wǒ fēicháng
　　gǎnxiè tāmen duì wǒ de bāngzhù hé zhàogu.

乙：我对他们也非常感谢。我跟他们学到不少东西。我刚来的时
　　候，一句中国话也不会说，可是现在，我不仅能说了，而且
　　还能看《人民日报》了。
　　Wǒ duì tāmen yě fēicháng gǎnxiè. Wǒ gēn tāmen xué-
　　dào bù shǎo dōngxi. Wǒ gāng lái de shíhou, yí jù
　　Zhōngguóhuà yě bú huì shuō, kěshǐ xiànzài, wǒ bùjǐn
　　néng shuō le, érqiě hái néng kàn «Rénmín Rìbào» le.

甲：《人民日报》？上面的论文你也能看吗？
　　«Rénmín Rìbào»? Shàngmian de lùnwén nǐ yě néng kàn
　　ma?

乙：论文还看不懂，只能看一般的消息。
　　Lùnwén hái kànbudǒng, zhǐ néng kàn yìbānde xiāoxi.

甲：我还不能看《人民日报》。你的汉语水平提高得真快啊！
　　Wǒ hái bù néng kàn «Rénmín Rìbào». Nǐde Hànyǔ
　　shuǐpíng tígāode zhēn kuài a!

乙：是啊，所以我非常感谢我的老师，可是，他们总是说："这
是我们应该做的。"

Shì a, suǒyǐ wǒ fēicháng gǎnxiè wǒde lǎoshī, kěshì, tāmen zǒngshi shuō: "Zhè shǐ wǒmen yīnggāi zuò de."

生　　　词

1.	收获	（名）shōuhuò	results; rewarding
2.	虽然	（连）suīrán	although; though
3.	但是	（连）dànshǐ	but; yet
4.	连	lián	even
5.	句	（量）jù	sentence
6.	中国话	（名）Zhōngguóhuà	spoken Chinese
7.	不仅	（连）bùjǐn	not only
8.	一些	yìxiē	some
9.	水平	（名）shuǐpíng	level
10.	提高	（动）tígāo	to improve
11.	只	（副）zhǐ	only
12.	消息	（名）xiāoxi	news
13.	论文	（名）lùnwén	thesis; essay
14.	可是	（连）kěshì	but; yet
15.	结	（动）jié	to establish
16.	深厚	（形）shēnhòu	profound ; deep
17.	感谢	（动）gǎnxiè	to thank
18.	应该	（助动）yīnggāi	should; ought to
19.	阅读	（动）yuèdú	to read
20.	能力	（名）nénglì	ability; capacity

21.	写作	（名）	xiězuò	writing
22.	文章	（名）	wénzhāng	essay ; article
23.	关怀	（动）	guānhuái	to show solicitude for; concern for
24.	招待	（动、名）	zhāodài	to entertain; treatment
25.	照顾	（动）	zhàogu	to look after; to care for
26.	教	（动）	jiāo	to teach
27.	总是	（副）	zǒngshi	always
28.	所以	（连）	suǒyǐ	so; therefore

补 充 词 语

1.	有很大的收获	yǒu hěn dà de shōuhuò	most rewarding
2.	进步很大	jìnbù hěn dà	to make much progress
3.	提高很大	tígāo hěn dà	to improve a lot
4.	交了很多朋友	jiāole hěn duō péngyou	have made many friends
5.	中国给我留下了很深的印象。	Zhōngguó gěi wo liúxiale hěn shēn de yìnxiàng.	China has left a deep impression on me.
6.	我永远不会忘记。	Wǒ yǒngyuǎn bù huì wàngjì.	I'll never forget it.

176

二十九、收拾行装

句　子

281. 您动身的日期是不是定下来了？
Nín dòngshēn de rìqī shì-bushì dìngxialai le?
Have you fixed a date for your departure?

282. 您的东西收拾好了吗？
Nínde dōngxi shōushi hǎole ma?
Have you finished packing up your things?

283. 我正在收拾，东西很多，看来随身带不了了。
Wǒ zhèngzai shōushi, dōngxi hěn duō, kànlai suíshēn dàibuliǎo le.
I'm just in the middle of packing now.　I've got so many things.　It seems that I can't take all of them with me.

284. 您把那些怕压的物品包好，随身携带，其他东西办理托运吧。
Nín bǎ nàxiē pà yā de wùpǐn bāohǎo, suíshēn xiédài, qítā dōngxi bànlǐ tuōyùn ba.
You'd better have the fragile things wrapped up carefully and carry them with you, and consign the rest of your luggage for shipment.

285. 还有什么事情需要我帮忙的吗？
Háiyǒu shénme shìqing xūyào wǒ bāngmáng de ma?
Is there anything else that I can do for you?

286. 没有什么了，该办的都办得差不多了。

Méiyou shénme le, gāi bàn de dōu bànde chàbuduō le.

Not at the moment. I've almost done everything that needs to be done.

287. 您手头上的人民币，如果花不完的话，我给您换成马克吧。

Nín shǒutóu shang de Rénmínbì, rúguǒ huābuwán de huà, wǒ gěi nín huànchéng Mǎkè ba.

Let me change your Renminbi into Marks for you if you have any left.

288. 太麻烦您了，您想得太周到了。

Tài máfan nin le, nín xiǎngde tài zhōudào le.

Sorry to trouble you. You're very thoughtful indeed.

289. 明天早晨我提前二十分钟来送您。

Míngtiān zǎochen wǒ tíqián èrshí fēn zhōng lái sòng nín.

Tomorrow morning I'll come to see you off twenty minutes before you leave.

290. 还有什么事情要办，请随时打电话告诉我。

Hái yǒu shénme shìqing yào bàn, qǐng suíshí dǎ diàn huà gàosù wǒ.

You may give me a ring at any time if you need to get anything else done.

替 换 练 习

1. 您〔动身〕的日期是不是定下来了？

离开北京　走　回国　出发

178

2. 您的〔东西〕收拾好了吗?

> 行李　衣服和书籍

3. 我正在〔收拾〕，东西很多，看来随身带不了了。

> 整理　装箱子

4. 您把那些怕〔压〕的物品包好，随身携带，其他东西办理托运吧。

> 碰　磕

5. 还有什么事情需要我〔帮忙的〕吗?

> 帮你办的
> 替你办的

6. 没有什么了，〔该办的都办〕得差不多了。

> 该收拾的都收拾
> 应该整理的都整理
> 需要弄的都弄

7. 你手头上的人民币，如果〔花不完〕的话，我给你换成马克吧。

> 用不完　还有

8. 明天早晨我提前〔二十分钟来〕送您。

> 半小时去车站
> 十分钟去机场

会　话

甲：您动身的日期是不是定下来了？

　　Nín dòngshēn de rìqī shì-bushì dìngxialai le?

乙：定下来了，明天早晨八点离开北京。

　　Dìngxialai le, míngtiān zǎochen bā diǎn líkāi Běijīng.

甲：您的东西收拾好了吗？

　　Nínde dōngxi shōushi hǎole ma?

乙：我正在收拾，东西很多，看来随身带不了了。

　　Wǒ zhèngzai shōushi, dōngxi hěn duō, kànlai suíshēn
　　dàibuliǎo le.

甲：您把那些怕压的物品包好，随身携带，其他东西办理托运
　　吧。

　　Nín bǎ nàxiē pà yā de wùpǐn bāohǎo, suíshēn xiédài,
　　qítā dōngxi bànlǐ tuōyùn ba.

乙：我也是这样想。

　　Wǒ yě shì zhèyàng xiǎng.

甲：还有什么事情需要我帮忙吗？

　　Hái yǒu shénme shìqing xūyào wǒ bāngmáng ma?

乙：没有什么了，该办的都办得差不多了。

　　Méiyou shénme le, gāi bàn de dōu bànde chàbuduō le.

甲：好，您手头上的人民币，如果花不完的话，我给您换成马克
　　吧。

　　Hǎo, nín shǒutóu shang de Rénmínbì, rúguǒ huābuwán
　　de huà, wǒ gěi nín huànchéng Mǎkè ba.

乙：谢谢，太麻烦您了，您想得太周到了。

　　Xièxie, tài máfan nín le, nín xiǎngde tài zhōudao le.

甲：不用客气，还有别的事情吗？
　　Búyòng kèqi, hái yǒu biéde shìqing ma?

乙：没有了。
　　Méiyou le.

甲：明天早晨我提前二十分钟来送您。
　　Míngtiān zǎochén wǒ tíqián èrshí fēnzhōng lái sòng nin.

乙：谢谢您。
　　Xièxie nín.

甲：还有什么事要办，请随时打电话告诉我。
　　Hái yǒu shénme shì yào bàn, qǐng suíshí dǎ diànhuà
　　gàosu wǒ.

乙：谢谢。
　　Xièxie.

甲：再见。
　　Zàijiàn.

乙：再见。
　　Zàijiàn.

甲：你什么时候离开北京？
　　Nǐ shénme shíhou líkāi Běijīng?

乙：我的动身日期还没有定下来。
　　Wǒde dòngshēn rìqī hái méiyou dìngxialai.

甲：你坐火车走还是坐飞机走？
　　Nǐ zuò huǒchē zǒu háishi zuò fēijī zǒu?

乙：我本来想坐飞机，可是我想去广州玩儿玩儿。现在我坐火车
　　走。
　　Wǒ běnlái xiǎng zuò fēijī, kěshì wǒ xiǎng qù Guǎngzhōu
　　wánrwanr. Xiànzài wǒ zuò huǒchē zǒu.

甲：你买车票了吗？
　　Nǐ mǎi chēpiào le ma?

乙：我想明天去买。
　　Wǒ xiǎng míngtiān qù mǎi.

甲：你的东西收拾了没有？
　　Nǐde dōngxi shōushile méiyou?

乙：我正在收拾，东西太多，我忙极了。
　　Wǒ zhèngzai shōushi, dōngxi tài duō, wǒ mángjíle.

甲：有什么事情需要我帮忙吗？
　　Yǒu shénme shìqing xūyào wǒ bāngmáng ma?

乙：我手头上还有一百元人民币，看来花不完了。请你给我换成
　　美元吧。
　　Wǒ shǒutóu shang hái yǒu yìbǎi yuán Rénmínbì, kànlai
　　huābuwán le. Qǐng nǐ gěi wǒ huànchéng Měiyuán ba.

甲：好的，我下午就去换。还有别的事情吗？
　　Hǎode, wǒ xiàwǔ jiù qù huàn. Hái yǒu biéde shìqing ma?

乙：没有了，谢谢。
　　Méiyou le, xièxie.

甲：你把那些怕压的物品包好，自己随身携带，其他东西办理托
　　运吧。
　　Nǐ bǎ nàxiē pà yā de wùpǐn bāohǎo, zìjǐ suíshēn xiédài,
　　qítā dōngxi bànlǐ tuōyùn ba.

乙：好的，你想的太周到了。
　　Hǎode, nǐ xiǎngde tài zhōudao le.

甲：我走了，你有什么事情，请打电话告诉我。
　　Wǒ zǒule, nǐ yǒu shénme shìqing, qǐng dǎ diànhuà gàosu
　　wǒ.

乙：谢谢，再见。
　　Xièxie, zàijiàn.

甲：再见。
　　Zàijiàn.

生　词

1.	日期	（名）rìqī	date
2.	定	（动）dìng	to fix
3.	收拾	（动）shōushi	to pack up one's things
4.	看来	kànlai	to seem
5.	随身	suíshēn	(to take things) with oneself; on one's person
6.	了	（动）liǎo	(used after a verb as a complement)
7.	那些	（代）nàxiē	those
8.	怕	（动）pà	to fear
9.	压	（动）yā	to press
10.	物品	（名）wùpǐn	things; articles
11.	包	（动）bāo	to wrap
12.	携带	（动）xiédài	to take along; to carry
13.	其他	（代）qítā	the rest
14.	托运	（动）tuōyùn	to consign for shipment; to check
15.	事情	（名）shìqing	thing
16.	需要	（动）xūyào	to need
17.	差不多	chàbuduō	nearly; almost
18.	手头上	shǒutóu shang	right beside oneself
19.	如果	（连）rúguǒ	if
20.	花	（动）huā	to spend

21.	…的话		…de huà	if
22.	周到	（形）	zhōudao	thoughtful
23.	提前	（动）	tíqián	ahead of time
24.	送	（动）	sòng	to see off
25.	随时	（副）	suíshí	at any time
26.	行李	（名）	xíngli	luggage
27.	书籍	（名）	shūjí	books
28.	整理	（动）	zhěnglǐ	to pack up; to put in order
29.	装	（动）	zhuāng	to load; to put into
30.	箱子	（名）	xiāngzi	suitcase
31.	怕碰		pà pèng	fragile
32.	磕	（动）	kē	to knock against sth. hard

补 充 词 语

1.	手提包	（名）	shǒutíbāo	handbag
2.	机票	（名）	jīpiào	aeroplane ticket
3.	登机证	（名）	dēngjīzhèng	boarding pass
4.	行李卡片		xíngli kǎpiàn	luggage tag
5.	办理托运手续		bànlǐ tuōyùn shǒuxù	to go through consignment formalities
6.	办理签证和海关手续		bànlǐ qiānzhèng hé hǎiguān shǒuxù	to go through visa and Customs formalities
7.	火车晚点一个小时。		Huǒchē wǎn diǎn yí gè xiǎoshí.	The train was an hour late.

8. 提前半个小时动身　　tíqián bàn ge　　to set out half an
　　　　　　　　　　xiǎoshí dòng　　hour earlier
　　　　　　　　　　shēn

三十、机 场 送 行

句　　子

291. 您在百忙之中来送我，使我非常感动。
  Nín zài bǎimáng zhīzhōng lái sòng wǒ, shǐ wǒ fēicháng
  gǎndòng.
  You've come to see me off though you are very busy.
  I'm deeply moved.

292. 一切手续都办好了没有？
  Yíqiè shǒuxù dōu bànhǎo le méiyou?
  Have you gone through all the formalities?

293. 两个月来，我们照顾得不周，活动安排也有很多不
  到之处，请您多多原谅。
  Liǎng gè yuè lái, wǒmen zhàogude bùzhōu, huódòng
  ānpái yě yǒu hěn duō búdào zhī chù, qǐng nín duōduō
  yuánliàng.
  In the past two months we didn't look after you well
  enough and there were shortcomings in our arrange-
  ments.　I hope you'll excuse us.

294. 我在这儿生活得非常愉快，既学了汉语，又游览了
  许多名胜古迹，我真舍不得离开啊。
  Wǒ zài zhèr shēnghuóde fēicháng yúkuài, jì xuéle Hànyǔ,
  yòu yóulǎnle xǔduō míngshèng gǔjī, wǒ zhēn shěbudé
  líkai a.

I've had a very good time here. I've learned a lot of Chinese, and visited many scenic spots and historical sites. I feel very sorry to leave.

295. 我希望以后您能有机会再来中国看看。

Wǒ xīwàng yǐhòu nín néng yǒu jīhuì zài lái Zhōngguó kànkan.

I hope you'll have another opportunity to visit China in the future.

296. 我相信我们一定会再见面的。

Wǒ xiāngxìn wǒmen yídìng huì zài jiànmiàn de.

I'm sure we'll meet again.

297. 请您常常来信。

Qǐng nín chángcháng lái xìn.

Please write to us often.

298. 飞机快要起飞了，请您准备上飞机吧！

Fēijī kuàiyào qǐfēi le, qǐng nín zhǔnbèi shàng fēijī ba!

The plane is about to take off. Please get ready to board.

299. 祝您一路平安！

Zhù nín yílù píng'ān!

Have a pleasant journey!

300. 请向您家里人问候！

Qǐng xiàng nín jiāli rén wènhòu!

Please give my best regards to your family.

替 换 练 习

1. 您在百忙之中来送我，使我非常〔感动〕。

> 不安

2. 〔一切〕手续都办好了没有？

> 海关和托运

3. 我在这儿生活得非常愉快，既学了汉语，又〔游览了许多名胜古迹〕，我真舍不得离开啊。

> 认识了不少朋友
> 了解了中国

4. 我希望以后您能有机会〔再来中国〕看看。

> 再去北京　到巴黎来

5. 〔飞机〕就要〔起飞〕了，请您准备〔上飞机〕吧！

> 火车　　开　　　上车
> 轮船　　起航　　上船

6. 祝您〔一路平安〕！

> 工作顺利　旅途愉快　身体健康

7. 向〔您家里人〕问〔候〕！

> 你父亲　你爱人　　好

会　话

甲：您在百忙之中来送我，使我非常感动。
Nín zài bǎimáng zhīzhōng lái sòng wǒ, shǐ wǒ fēicháng gǎndòng.

乙：一切手续都办好了没有？
Yíqiè shǒuxù dōu bànhǎo le méiyou?

甲：都办好了。
Dōu bànhǎo le.

乙：两个月来，我们照顾得不周，活动安排也有很多不到之处，请您多多原谅。
Liǎng gè yuè lai, wǒmen zhàogùde bùzhōu, huódòng ānpái yě yǒu hěn duō búdào zhī chù, qǐng nín duōduō yuánliàng.

甲：您太客气了，我在这儿生活得非常愉快，既学习了汉语，又游览了很多名胜古迹，我真舍不得离开啊。
Nín tài kèqi le, wǒ zài zhèr shēnghuó de fēicháng yúkuài, jì xuéxile Hànyǔ, yòu yóulǎnle hěn duō míngshèng gǔjī, wǒ zhēn shěbudé líkāi a.

乙：我希望以后您能有机会再来中国。
Wǒ xīwàng yǐhòu nín néng yǒu jīhuì zài lái Zhōngguó.

甲：我相信我们一定会再见面的。
Wǒ xiāngxìn wǒmen yídìng huì zài jiànmiàn de.

乙：请您常常来信。
Qǐng nín chángcháng lái xìn.

甲：我一定给您写信。
Wǒ yídìng gěi nín xiě xìn.

乙：飞机快要起飞了，您准备上飞机吧。
Fēijī kuàiyao qǐfēi le, nín zhǔnbèi shàng fēijī ba.

甲：好。
Hǎo.

乙：祝您一路平安！
Zhù nín yílù píng' ān!

甲：谢谢。
Xièxie.

乙：请向您家里人问候！
Qǐng xiàng nín jiāli rén wènhòu!

甲：谢谢，再见。
Xièxie, zàijiàn.

乙：再见。
Zàijiàn.

甲：您这样忙，还来送我，使我非常不安。
Nín zhèyàng máng, hái lái sòng wǒ, shǐ wǒ fēicháng bù'ān.

乙：一切手续都办好了吗？
Yíqiè shǒuxù dōu bànhǎole ma?

甲：一切手续都办好了，就等着上飞机了。
Yíqiè shǒuxù dōu bànhǎo le, jiù děngzhe shàng fēijī le.

乙：几个月来，您生活得怎么样？
Jǐ gè yuè lái, nín shēnghuó de zěnmeyàng?

甲：太好了，我生活得非常愉快。
Tài hǎole, wǒ shēnghuóde fēicháng yúkuài.

乙：我们照顾得很不周，希望您多多原谅。
Wǒmen zhàogude hěn bùzhōu, xīwàng nín duōduō yuánliàng.

甲：您太客气了，我希望以后能在我们国家见到您。
Nín tài kèqi le, wǒ xīwàng yǐhòu néng zài wǒmen guójiā jiàn dào nín.

乙：我相信我们一定会再见面的。您有什么事情，请写信告诉我。

Wǒ xiāngxìn wǒmen yídìng huì zài jiànmiàn de. Nín yǒu shénme shìqing, qǐng xiě xìn gàosu wǒ.

甲：我一定给您写信。

Wǒ yídìng gěi nín xiě xìn.

乙：快八点了，准备上飞机吧。

Kuài bā diǎn le, zhǔnbèi shàng fēijī ba.

甲：你们都请回吧。

Nǐmen dōu qǐng huí ba.

乙：祝您旅途愉快！

Zhù nín lǚtú yúkuài!

甲：谢谢。

Xièxie.

乙：向您的父亲、母亲问好！

Xiàng nínde fùqin, mǔqin wèn hǎo!

甲：谢谢。

Xièxie.

乙：再见。

Zàijiàn.

甲：再见。

Zàijiàn.

生　　词

1.	送行	（动）sòngxíng	to see off
2.	百忙	bǎimáng	extremely busy
3.	…之中	…zhīzhōng	among; in

4. 使	（动）shǐ	to cause; to make
5. 感动	（动）gǎndòng	to move; to touch
6. 一切	（代）yíqiè	everything
7. …来	…lái	since
8. 不周	（形）bùzhōu	unthoughtful; not well enough
9. 活动	（名）huódòng	activity
10. 安排	（动）ānpái	to arrange
11. 不到	búdào	unsatisfactory; overlooked
12. 之	（助）zhī	of
13. 处	（名）chù	place; part
14. 原谅	（动）yuánliàng	to excuse; to forgive
15. 愉快	（形）yúkuài	pleasant; happy
16. 既…又…	jì…yòu	both…and
17. 舍不得	shěbudé	to hate to part with or use sth; to feel sorry to (leave)
18. 希望	（动）xīwàng	to hope
19. 相信	（动）xiāngxìn	to believe
20. 面	（名）miàn	face
21. 快要…了	kuàiyào…le	to be going…; soon
22. 祝	（动）zhù	to wish
23. 一路	yílù	all the way
24. 平安	（形）píng'ān	safe
25. 向	（介）xiàng	towards
26. 问候	（动）wènhòu	to pass on regards; ask after
27. 不安	（形）bù'ān	sorry; uneasy
28. 了解	（动）liǎojiě	to understand; to find out
29. 轮船	（名）lúnchuán	steamship

30.	起航	（动）	qǐháng	to set sail
31.	顺利	（形）	shùnlì	smooth; favourable
32.	身体	（名）	shēntǐ	body
33.	健康	（形）	jiànkāng	healthy
34.	旅途	（名）	lǚtú	journey

补 充 词 语

1.	包涵	（动）	bāohan	to excuse
2.	提	（动）	tí	to make (a criticism)
3.	意见	（名）	yìjiàn	comment; criticism
4.	一路顺风		yílù shùn fēng	Have a good journey.
5.	一路多保重		yílù duō bǎozhòng	Take care of yourself on the journey.

汉 语 三 百 句

＊

©华语教学出版社

华语教学出版社出版

（中国北京百万庄路 24 号）

邮政编码 100037

北京外文印刷厂印刷

中国国际图书贸易总公司发行

（中国北京车公庄西路 35 号）

北京邮政信箱第 399 号　邮政编码 100044

1984 年（大 32 开）第一版

1986 年第二版

1997 年第四次印刷

（汉英）

ISBN 7 - 80052 - 236 - 9/H · 229 （外）

01630

9 - CE - 1700P